À tous les amoureux de l'Aveyron,

Recettes
en
Aveyron

2me édition

sur papier d'art filigrané

L'éditeur remercie particulièrement le peintre Jean-Marc Valat pour sa si belle aquarelle en couverture de ce livre.

Dans la même collection

Recettes de Provence, 2001
La Provence à table, 2002
Les 13 desserts en Provence, 2003
Recettes d'un Mas provençal, 2003
Recettes en Auvergne, 2004
Recettes en Lorraine, 2005
Recettes d'un petit village en Languedoc, 2008

Philippe Galmiche éditeur
1 rue Henri Michel B.P 118
12401 Saint-Affrique Cedex
Tél : 05 65 49 15 14

ISBN : 978-2-912690-14-2

Ce livre a été imprimé sur papier d'art vergé Vizille
en Aveyron par Grapho 12
Dépôt légal juin 2007

Recettes
en
Aveyron

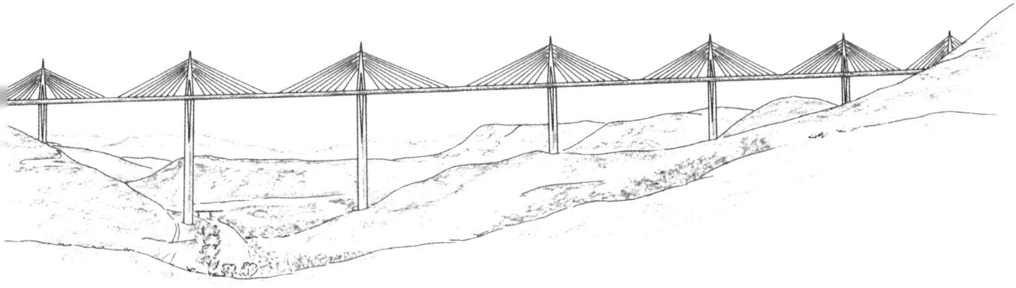

200 recettes rassemblées et servies par

René Husson
et
Philippe Galmiche

Illustrations : Christiane Galmiche

Fleurines

Cher Lecteur,

Avec nous goûtez et humez la cuisine de l'Aveyron !

La table est au cœur de l'Aveyron, elle est sacrée et accueille une diversité de plats et de mets, reflets de la diversité des paysages. Peut-être serez vous amusés de retrouver votre enfance avec les ancestrales pascades, les oreillettes et échaudés. Avez-vous déjà tourné l'aligot lors d'une fête conviviale ? Lorsqu'il file c'est « la festa » ! Et au petit matin connaissez-vous le bonheur d'humer la soupe au fromage de ceux qui terminent une nuit festive, ou le fumet des tripoux de ceux qui commencent une nouvelle journée !

Les Rouergats n'ont pas attendu les études des nutritionnistes pour incorporer de la verdure dans tous les farçous, utiliser la vertueuse huile de noix, les paradoxales graisses d'oie et de canard, les légumes secs ou frais, les herbes sauvages ou cultivées, ou l'attrayant seigle...

Partagez en toute simplicité le martrin et autres salades, le bajanac, le tourril et autres soupes, le cake aux herbes, le chou farci, les gratins, la canette rôtie, la truite au verjus, la fouace.
Mitonnez amoureusement l'ase farci, l'astet de Najac, le cabassol, le coufidou de Millau, la daube de pieds de porc, le gigot à la cuillère, les haricots cocos, les confits, les jambonneaux farcis.
Mariez pour le meilleur le lièvre et son saupiquet, les foies de gibier à plumes et les baies de genièvre, le veau et les champignons, la tome fraîche et les pommes de terre, les châtaignes et le chocolat, les fraises et le vin fruité.

Ami lecteur, vous n'avez jamais savouré le poulet aux oignons, les rissoles maigres ou grasses, le gâteau à la broche, l'estofinade, le cou farci ?
Alors à vos ustensiles et « a taula ! »

« Le Rouergue
est un de ces pays comblés
par la nature qui font aimer
la vie sur la planète »

Curnonsky
prince Élu de gastronomie

Avant-propos culinaire

Soucieux de ne pas lasser notre lecteur au fil des recettes par des informations répétitives ou déjà connues, nous les avons regroupées dans cet avant-propos.

Assaisonnement

Rectifier l'assaisonnement en fin de cuisson après avoir goûté.

Bouquet garni

Le bouquet le plus courant se compose d'une feuille de laurier sèche, de queues de persil et d'une branchette de thym ou de céleri branche. N'oubliez pas de le retirer avant tout moulinage ou mixage. Vous pouvez innover en fonction des produits à disposition : blanc de poireau, branchette de romarin, cerfeuil, estragon...

Cuisson au four

Avant de mettre votre plat au four, préchauffez votre four pendant 10 minutes à l'intensité indiquée dans la recette.
Les correspondances entre la chaleur du four et les températures annoncées varient en fonction du mode de chauffage du four ainsi que des constructeurs. Nous donnons à titre indicatif cette correspondance :

Four doux $< 120°$
Four moyen 130 - 180°
Four chaud 190 - 240°
Four très chaud $> 250°$

Il est préférable de réduire l'intensité de chauffe tout en prolongeant le temps de chauffe. Une cuisson douce, c'est meilleur pour les produits et votre santé.

Cuisson du chou

Pour les personnes sensibles aux émanations de chou dans les pièces de la maison, ajoutez une cuillerée à soupe de vinaigre dans l'eau de cuisson.

Marinade

Utilisez des récipients qui supportent le vinaigre ou le vin, évitez impérativement l'aluminium.

Préparation de l'ail

Lorsque l'ail n'est pas utilisé « en chemise », il doit être débarrassé de son germe central ce qui atténue son amertume. Ce germe n'est pas présent dans l'ail frais. En vinaigrette, il est préférable de le couper très finement et de le laisser s'imprégner de vinaigre avant de mettre l'huile.

Préparation des tomates

La peau de la tomate crue ou cuite peut être indigeste, pour l'éliminer, ébouillantez la tomate quelques secondes, plongez-la dans l'eau froide et retirez la peau avec la pointe d'un couteau. Lorsque les tomates sont à cuire, vous pouvez retirer la peau en cours ou après cuisson. Elle s'est détachée. Cette technique à l'avantage d'être plus rapide que l'ébouillantage et renforce le goût de tomate à la cuisson.

Réservation de la viande cuite

La viande cuite au four à besoin de se détendre, c'est particulièrement important pour les viandes rouges, cette règle s'applique également aux viandes blanches cuites au four ou autrement. La viande doit être réservée au chaud pendant un temps minimum de 10 minutes, la protection d'un papier d'aluminium peut suffire pour conserver la chaleur pendant la détente de la viande.

Velouté

Le passage du potage au chinois donne un velouté plus onctueux et plus fin en bouche. Il élimine les « petites peaux ».

Ventrèche

La ventrèche est de la poitrine de porc, elle correspond à un lard dit maigre car elle alterne couches de graisse et couches de chair.

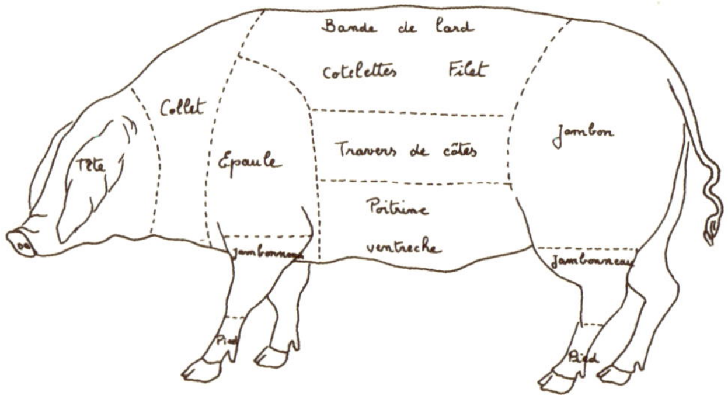

Confection de la pâte à brioche, pain ou tarte

Lorsque vous verser du liquide pour lier la pâte, faites le petit à petit avec parcimonie car la farine sature en liquide très vite. Il faut quand même une pâte assez imprégnée de liquide, mieux vaut ajouter de la farine pour une pâte trop imprégnée qu'avoir une pâte trop sèche qui ne sera pas lisse en la travaillant.

Cuisson de la pâte à blanc

En garnissant votre moule à tarte, appuyez fortement sur les bords pour que la pâte épouse les crans du moule. Ainsi la pâte ne retombera pas à la cuisson à blanc.
Piquez le fond de pâte à la fourchette pour qu'il ne gonfle pas.

Pétrissage de la pâte à pain ou brioche

Sur un plan de travail fariné, après avoir incorporer le beurre du bout des doigts :
Poussez la pâte avec la paume de la main, ramenez les extrémités au centre. Recommencez jusqu'à l'obtention d'une pâte très lisse et élastique. Cette opération peut demander plusieurs minutes, c'est bon pour la forme !

Garnissage du moule à tarte

Après avoir laisser reposer votre pâte au frais :
découpez un cercle dans du papier cuisson (sulfurisé) suivant le modèle de votre moule, bords compris.
Étalez la pâte sur le papier découpé et faites glisser l'ensemble papier pâte dans le moule.

Démoulage et séchage des gâteaux et tartes

Attendre 10 à 15 minutes avant de démouler, ensuite glissez le gâteau ou tarte sur une grille pour que le fond « ne mouille pas ».

Blanc d'œuf en neige

Pencher le récipient. Tenir le fouet du bout des doigts pour donner plus d'amplitude au battement du fouet, vous obtiendrez des blancs aérés et fermes.

Test de cuisson de la confiture

Faire le test de l'assiette froide : La confiture est cuite lorsqu'en versant une goutte de confiture sur une assiette froide, elle ne coule pas mais se fige.

Remplissage des pots de confiture

Remplissez vos pots jusqu'à presque raz bord, essuyez les bords, fermez-les hermétiquement et retournez-les. Vous pouvez les remettre en position normale lorsqu'ils sont refroidis.

Cardinal au marcillac

Par personne

1 verre ballon de vin rouge de marcillac bien frais
1 cuillerée à soupe de cassis

Mettre la crème de cassis au fond du verre et faire glouglouter le vin rouge sur la crème de cassis.

Le mansois est le cépage principal du marcillac. Cultivé sur les « rougiers », il produit un vin parfait pour le cardinal : une belle robe carmin, un bouquet aux parfums de fruits rouges (framboise, cassis). Que la fête commence !

Cake aux herbes

250 g de farine
4 œufs
40 g de feuilles de persil plat
30 g de branche de céleri
1 pincée de feuilles de thym
100 g de jambon
100 g de lardons fumés
100 g de fromage râpé
1 sachet de levure en poudre
1 verre de vin blanc sec
1 verre d'huile
poivre blanc

Hacher les feuilles de persil, couper le céleri en cubes de 5 millimètres.
Dans un saladier, mélanger la farine avec la levure, puis ajouter les œufs un à un, le vin blanc et l'huile.
Fouetter jusqu'à l'obtention d'une pâte homogène sans grumeaux.
Ajouter le jambon coupé en petits carrés, les lardons, le persil, le céleri, le thym, le poivre et le fromage râpé.
Bien mélanger et verser la pâte dans un moule à cake beurré.
Mettre à four moyen pendant 1 heure, vérifier la cuisson avec la pointe d'un couteau.

Ce cake coloré est meilleur et se découpe plus facilement en étant préparé la veille. Il a du succès à l'apéro coupé en carrés, ou au repas en tranches épaisses. Ce cake supporte très bien la congélation.

Canapés au genièvre

2 foies de gibier à plumes (faisan, grive, pintade, bécasse...)
tranches de pain de campagne
20 baies de genièvre
jus de cuisson du gibier
80 g de beurre environ
sel, poivre

Dans une poêle, cuire les foies quelques minutes.
Écraser les foies à la fourchette avec le beurre ramolli, incorporer les baies de genièvre écrasées ou moulinées.
Saler, poivrer et ajouter éventuellement du jus de cuisson.
Tartiner sur les tranches de pain.
Passer à four très chaud sous le gril.

Le conseil de mamie Marinette : réservez les foies de volailles fermières au congélateur, ils serviront pour allonger le foie de gibier à plumes. Si vous manquez de foie, remplacez-le par du pâté de foie.

Fritons de cochon pour l'année

2 kg de gorge de cochon
5 cœurs, 6 langues
2 oreilles, 6 rognons
couennes de lard
1 verre de madère (facultatif)
par kilo de viande :
18 à 22 g de sel et 1 g de poivre

Couper les couennes, la viande et les abats de cochon en tout petits morceaux.
Dans un très grand récipient, mélanger l'ensemble, saler et poivrer.
Mettre dans des bocaux, bien tasser avec une cuillère à soupe.
Cuire dans un stérilisateur pendant 3 heures.

Pour garnir les salades, omelettes, galettes... ou à se mettre sous la dent par gourmandise !
La préparation des fritons remonte à la nuit des temps : ils étaient confectionnés lors du sacrifice du cochon. Les accroches de viandes d'os et les abats cuisaient très longuement dans la graisse. Il n'y a pas si longtemps, chaque cuisinière aveyronnaise avait sa propre recette de fritons.

Oignons frits

gros oignons blancs
lait
farine
huile de friture
sel

Dans un saladier, mélanger la farine avec le sel.
Couper les oignons en rondelles de 2 millimètres, séparer les anneaux des rondelles, les tremper dans le lait puis la farine. Plonger les anneaux dans l'huile très chaude, à belle coloration les sortir à l'aide d'une écumoire.

Les égoutter sur du papier absorbant.

Servis en apéro ou en accompagnement de viandes, il n'en reste jamais !

Pruneaux au roquefort

<u>Pour 5 personnes</u>

100 g de roquefort à température ambiante
30 pruneaux moelleux (calibre 28/33)
100 g de noisettes décortiquées
2 cuillerées à soupe de crème fraîche
1 cuillerée à soupe de cognac
poivre

Réduire les noisettes en poudre.

Dans une assiette, écraser le roquefort à la fourchette, ajouter et mélanger la poudre de noisettes, la crème fraîche, le cognac et le poivre.

Dénoyauter les pruneaux en les incisant sur un côté, farcir les pruneaux avec la pâte de roquefort.

Réserver au frais.

Des pruneaux au roquefort et un cardinal à l'apéro, elle est pas belle la vie !
Les pruneaux au roquefort sont souvent servis à Noël avec les noix à la pâte d'amandes et le chocolat de Bonneval.

Cornichons au vinaigre

petits cornichons frais et fermes
vinaigre d'alcool blanc, grains de poivre blanc

Brosser les cornichons, les laver et bien les essuyer.
Les disposer dans un bocal à fermeture hermétique, ajouter les grains de poivre et recouvrir l'ensemble de vinaigre blanc.

Patientez un mois avant de croquer ces cornichons qui dynamisent les papilles.

Rosés des prés au vinaigre

jeunes rosés des prés
vinaigre doux (miel, cidre...)
1 cuillerée à café de grains de poivre
sel

Ne conserver que les chapeaux des rosés.
Les passer rapidement sous l'eau puis les blanchir pendant quelques minutes à l'eau bouillante salée.
Mettre les rosés à égoutter dans une passoire.
Les essuyer délicatement avec du papier absorbant.
Les disposer dans un bocal à fermeture hermétique, ajouter les grains de poivre et recouvrir l'ensemble de vinaigre.

Patientez au moins un mois avant de les goûter ou de les apprécier en accompagnement de salades, civets...

Rouleaux de jambon au roquefort

Pour 40 rouleaux

4 tranches de jambon ou d'épaule de porc
100 g de roquefort à température ambiante
1 cuillerée à café de crème fraîche
100 g de petits cornichons au vinaigre
poivre

Dans une assiette, écraser le roquefort à la fourchette, ajouter et mélanger la crème fraîche et le poivre.
Bien essuyer le vinaigre restant sur les cornichons.
Tartiner les tranches de jambon avec la crème de roquefort.
Disposer une rangée de cornichons à la queue leu leu sur la largeur de la tranche de jambon.
Faire rouler le jambon avec les cornichons à l'intérieur.
Enrouler une feuille d'aluminium autour de chaque rouleau de jambon tout en serrant fortement.
Papilloter les extrémités pour obtenir un gros cigare.
Mettre au frais de préférence pendant plusieurs heures.
Avant de servir, sortir le jambon de la feuille d'aluminium, le couper en tronçons de 2 centimètres.

Présenter les petits rouleaux de jambon debout sur la tranche.

Ces rouleaux sont très plaisants à la présentation... et à la dégustation..

Saucisse mi-sèche à l'huile

500 g de saucisse mi-sèche
12 baies de genièvre mûres
12 grains de poivre
1 feuille de laurier
50 cl d'huile d'arachide ou de noix...

Couper la saucisse en tronçons de 5 centimètres. Dans un bocal fermant hermétiquement ou une toupine, mettre la saucisse, les baies de genièvre, le poivre, le laurier et couvrir entièrement avec l'huile.

Réserver fermé au frais et à l'abri de la lumière pendant au moins 10 jours.

La saucisse peut se conserver ainsi plusieurs mois. Saint-Affrique a une longue tradition charcutière, saucisses, saucissons, saucissettes... La corporation des charcutiers de Saint-Affrique date du XIII siècle !

Sauce du pauvre homme

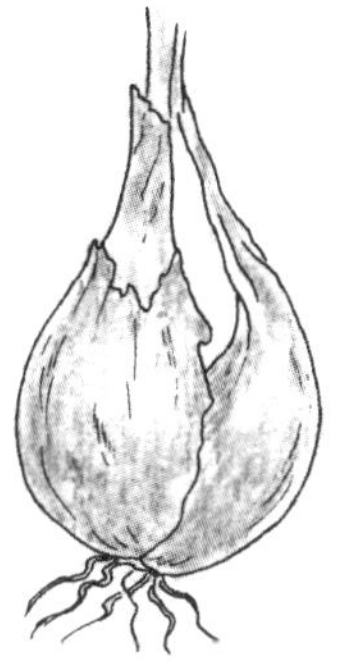

50 cl de bouillon de légumes
3 échalotes
1 bouquet de persil
1 filet de vinaigre
sel, poivre

Dans une casserole sur feu doux, verser le bouillon, ajouter les échalotes émincées, le persil haché, le sel et le poivre. Arroser d'un filet de vinaigre.

Porter à ébullition et continuer la cuisson pendant 5 minutes.

Le bouillon est la variante la plus courante de la sauce du pauvre homme avec son petit filet traditionnel de vinaigre !
Autrefois cette sauce rehaussait les plats des jours maigres, aujourd'hui elle allége les repas gras.

Sauce au roquefort

100 g de roquefort
50 g de beurre
25 cl de crème fraîche épaisse
poivre

Dans une casserole, faire fondre le beurre à feu doux. Ajouter le roquefort émietté. Laisser fondre en remuant et en ajoutant petit à petit la crème fraîche. Poivrer, c'est prêt.

Tartines au roquefort

roquefort, beurre
cumin, tranches de pain

Mélanger le roquefort avec la moitié de son poids en beurre et une pincée de cumin. Tartiner les tranches de pain avec du beurre puis avec le roquefort au beurre.

De divines tartines !

Dolmen de Tiergues
L'Aveyron est le département qui compte le plus de dolmens

Tomata

tomates bien mûres
1 cuillerée à café de sel par bocal de 1 litre

Couper les tomates en deux, les presser et réserver le jus frais.
Dans une grande marmite sur feu vif, verser un demi-verre d'eau et les moitiés de tomates. Peu d'eau suffit car les tomates vont rejeter beaucoup de jus.
À ébullition baisser le feu et continuer la cuisson à couvert pendant 5 minutes.
Mettre les tomates cuites à égoutter dans une passoire.
Presser le plus possible avec une écumoire pour faire sortir l'eau.
Passer les tomates pressées au moulin à légumes, retirer le jus en surface de la purée avec une louche.
Mettre la purée de tomates en bocaux et ajouter le sel.
Stériliser les bocaux pendant 20 à 30 minutes.

Le jus de tomates frais récupéré est une agréable boisson diététique.
Le tomata est une réserve pour cuisiner les gratins, civets, farçous.

Tomata assaisonné

Détendre le tomata avec un peu d'eau en ajoutant éventuellement de la graisse de canard ou d'oie.
L'aromatiser avec de l'ail finement coupé, du persil ciselé et du thym.

Le tomata assaisonné est une excellente sauce tomate.

Aillade

Soupe à l'ail

Pour 4 personnes

6 gousses d'ail
1 feuille de laurier
4 tranches de pain grillé
50 g de fromage râpé
huile d'olive
sel, poivre

Porter à ébullition un litre d'eau salée et poivrée, ajouter l'ail écrasé, le laurier, 2 cuillerées à soupe d'huile d'olive et laisser bouillir 10 minutes.
Disposer dans les assiettes les tranches de pain grillé, les arroser d'un filet d'huile d'olive et les saupoudrer de fromage râpé.
Passer le bouillon au chinois.
Le servir très chaud sur le pain.

Recommandé pour tous les lendemains « difficiles à digérer ». L'ail stimule l'appétit et facilite la digestion.

Bajanac

Soupe de châtaignes

<u>Pour 6 personnes</u>

1 kg de châtaignes
1 oignon
1 l de lait écrémé
sel, poivre

Entailler les châtaignes et les ébouillanter pendant 3 minutes.
Retirer les deux peaux (enveloppe brune et fine peau) en même temps.
Dans une marmite, mettre le lait, l'oignon émincé, les châtaignes, le sel et le poivre.
Cuire pendant 40 minutes, les châtaignes doivent se déliter.
Mixer et servir bien chaud.

Si vous utilisez des châtaignes séchées (châtaignons), les faire préalablement tremper décortiquées dans de l'eau fraîche pendant un jour.

Chabrot

ou sabrot

soupe
vin rouge

Verser un petit verre de vin dans la soupe.

Tous les prétextes sont bons pour faire chabrot, en principe il se pratique en fin de soupe en buvant à même l'assiette !
D'autres préfèrent faire chabrot en début de soupe car disent-ils « la soupe est trop chaude ! »
Les anciens Villefranchois jouaient au « prisonnier » :
Un coup de chabrot, un coup de soupe, un coup de chabrot et voilà notre soupe prisonnière des chabrots tel le prisonnier entre deux gendarmes !

Petite potée aveyronnaise

Pour 6 personnes

250 g de saucisse sèche
500 g de choux de Bruxelles
4 pommes de terre
2 oignons
1 bouquet garni
2 cuillerées à soupe de tomata
ou de purée de tomates
huile
sel, poivre

Dans une marmite sur feu doux, chauffer l'huile et faire revenir les oignons émincés puis la saucisse coupée en rondelles. Ajouter le tomata et le bouquet garni, mouiller avec un litre d'eau.

Verser les pommes de terre coupées en cubes de 2 centimètres de côté.

Porter à ébullition puis ajouter les choux de Bruxelles, le sel et le poivre.

Cuire sur feu doux à couvert pendant 25 minutes environ.

Vous pouvez remplacer la purée de tomates par 2 tomates concassées et mises à revenir avec la saucisse.

Soupe au chou

<u>Pour 6 personnes</u>

1 chou vert frisé
200 g de ventrèche
6 pommes de terre
1 poireau
1 oignon
graisse d'oie ou huile
sel, poivre

Retirer le trognon du chou ainsi que les grosses feuilles. Couper le chou en lamelles et le blanchir à l'eau bouillante salée pendant 5 minutes.
Égoutter le chou dans une passoire.
Émincer l'oignon et le blanc de poireau.
Dans un faitout, faire revenir l'oignon et le blanc de poireau à la graisse d'oie.
Verser 2,5 litres d'eau et les porter à ébullition.
Ajouter la ventrèche, les pommes de terre coupées en rondelles, le chou égoutté, le vert de poireau coupé en lamelles de 3 millimètres, le sel et le poivre.

Cuire sur feu très doux à couvert pendant une heure.

Vous pouvez ajouter du jarret de cochon ou de la crosse de jambon pour les jours de fêtes, prolongez la cuisson d'au moins 30 minutes en fonction de la quantité de viande.

Soupe au fromage

Pour 8 personnes

800 g de laguiole plutôt jeune
1 pain de campagne rassis
10 à 12 feuilles de chou frisé
2 carottes, 1 poireau
1 tomate, 1 oignon
1 noix de beurre
sel, poivre

Retirer les côtes des feuilles de chou. Blanchir les feuilles à l'eau bouillante salée pendant 5 minutes, les égoutter.
Dans une marmite sur feu doux, faire revenir au beurre l'oignon et le blanc de poireau émincés.
Verser 2 litres d'eau froide, les carottes en rondelles, la tomate pelée, épépinée, coupée en quartiers, le vert de poireau émincé, le sel et le poivre.
Porter à ébullition, cuire à couvert sur feu doux pendant 40 minutes.
Dans une soupière allant au four ou dans un plat à four à hauts bords, disposer successivement une couche de pain, une couche de laguiole en lamelles, des feuilles de chou, poivrer, mouiller à l'aide d'une louche à hauteur avec le bouillon chaud, recommencer en alternant pain, laguiole, chou, poivre, bouillon.
Couvrir avec une couche de pain, mouiller avec le bouillon et terminer par une bonne couche de laguiole.
Mettre à four chaud pendant 30 minutes.

Servir chaud en touillant l'ensemble pour que file le laguiole.

Une tradition aveyronnaise pour les soirées tardives et festives. C'est une authentique soupe d'autrefois, dans laquelle la cuillère doit tenir debout ! Tous les Aveyronnais l'ont adoptée.
Plus le laguiole sera mature et plus la soupe sera corsée.

Soupe au potiron et aux châtaignes

Pour 6 personnes

800 g de chair de potiron
500 g de châtaignes
1 oignon, 1 poireau
1 demi-branche de céleri
1 feuille de laurier
huile
sel, poivre

Éplucher les châtaignes.
Porter une casserole d'eau à ébullition avec le laurier, ébouillanter les châtaignes par poignées de 6, peler la fine peau restante des châtaignes ébouillantées pendant qu'une nouvelle poignée est en cours d'ébullition.
Dans une grande marmite sur feu doux, faire revenir à l'huile sans coloration l'oignon et le blanc de poireau émincés.
Verser 1 litre et demi d'eau froide, ajouter le potiron, les châtaignes, le céleri et le vert de poireau coupé en tronçons de 3 millimètres, le sel et le poivre.
Cuire à couvert pendant environ 30 minutes.
Mixer ou passer la soupe au moulin à légumes.

Cette soupe a le goût et les couleurs de l'automne chatoyant. Vous pouvez utiliser des châtaignes déjà épluchées que vous trouverez dans le commerce en conserve ou congelées.

Soupe au lait

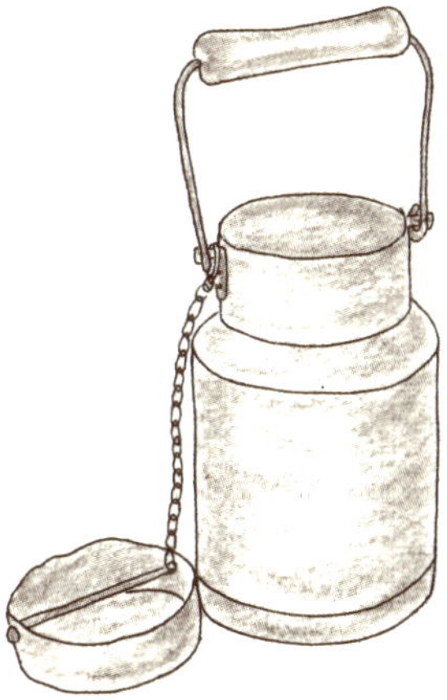

Pour 4 personnes

1 l de lait
4 œufs
4 gousses d'ail
ciboulette
1 feuille de laurier
4 tranches de pain rassis
sel, poivre

Dans une casserole sur feu doux, mettre le lait, l'ail, le laurier, le sel et le poivre.
Porter à ébullition puis cuire sur feu très doux pendant 10 minutes.
Dans une casserole d'eau bouillante salée, plonger les œufs pendant 8 à 9 minutes puis les passer dans l'eau froide, les écaler.
Dans chaque assiette, disposer une tranche de pain et répartir dessus un œuf émincé.
Retirer les gousses d'ail et le laurier de la soupe au lait.
Verser la soupe dans les assiettes et la saupoudrer de ciboulette hachée.

Les amateurs tartineront l'ail sur des croûtons !

Soupe aux fèves

Pour 6 personnes

700 g de fèves fraîches (300 g dérobées)
12 feuilles de chou frisé
5 pommes de terre
1 oignon, 1 poireau
1 branchette de thym
1 feuille de laurier
beurre
sel, poivre

Verser les fèves écossées dans de l'eau légèrement salée. Porter à ébullition et blanchir les fèves pendant 30 secondes, les égoutter.
Dérober chaque fève (retirer la peau) en les pinçant entre le pouce et l'index.
Dans un faitout sur feu doux, faire revenir au beurre l'oignon et le blanc de poireau.
Couvrir avec un litre et demi d'eau bouillante.
Ajouter les pommes de terre coupées en dés, les feuilles de chou grossièrement ciselées, le vert de poireau ciselé en tronçons de 3 millimètres, le thym et le laurier.
Cuire à couvert sur feu doux pendant 20 minutes.
Saler, poivrer, ajouter les fèves dérobées.

Continuer la cuisson pendant 15 minutes.

Cette soupe ne se mouline pas. Les fèves entières parfument mieux le palais et comblent votre estomac.

Soupe aux herbes

Sopa d'herbes

Templier chevalier au blanc manteau

Pour 4 personnes

1 l de bouillon de poisson frais
250 g de petits pois cuits
2 carottes
3 navets
1 cœur de laitue
4 tranches de pain
1 cuillerée à café de sucre
10 cl d'huile d'olive
sel, poivre blanc

herbes aromatiques

1 branche de céleri
1 branche d'estragon
1 branche de fenouil
1 branche de marjolaine
2 à 3 brins de persil

Hacher très finement les herbes aromatiques.
Dans une casserole, mettre les carottes, les petits pois, les navets, le cœur de laitue, les herbes aromatiques hachées, le sel, le poivre, le sucre et l'huile.
Arroser avec 50 centilitres d'eau.
Cuire sur très petit feu pendant 1 heure 30 jusqu'à évaporation de l'eau.
Ajouter le bouillon de poisson, laisser bouillir pendant 15 minutes.
Vérifier l'assaisonnement et servir sur les tranches de pain.

Une soupe médiévale très parfumée remise au goût du jour sur les terres des Templiers et Hospitaliers.

Soupe d'orties

Pour 6 personnes

1 à 2 poignées d'orties
3 carottes
3 pommes de terre
crème fraîche
sel, poivre

Laver les orties, émincer les feuilles.
Dans un faitout, verser 1 litre et demi d'eau, ajouter les pommes de terre entières, les carottes en rondelles, les feuilles d'orties émincées, le sel et le poivre.
Porter à ébullition et cuire à couvert sur feu doux pendant 1 heure.
Mixer et servir avec de la crème fraîche.

Soupe tonique très appréciée des anciens pour ses nombreux bienfaits sur la santé !
Récoltez les orties avant floraison à l'aide de ciseaux. Coupez les sommets à 30 centimètres de hauteur pour éviter les parties basses trop chanvreuses. Les orties mouillées ne piquent pas.

Soupe verte

Pour 4 personnes

1 laitue
12 feuilles d'épinards
12 feuilles d'oseille
6 brins de ciboulette
10 cl de crème fraîche
1 noix de beurre
sel, poivre

Hacher la laitue, les épinards et l'oseille.
Dans une casserole, faire fondre le beurre et faire revenir les légumes hachés pendant 5 à 7 minutes.
Mouiller avec un litre d'eau, saler, poivrer et porter à ébullition.
Cuire à couvert pendant 20 minutes.
Servir avec la crème et la ciboulette hachée.

Tourril

Soupe à l'oignon

Pour 4 personnes

2 à 3 oignons
4 tranches de pain rassis
1 cuillerée à soupe de graisse d'oie
sel, poivre

Dans un faitout, bien chauffer la graisse d'oie et faire revenir les oignons coupés en rondelles jusqu'à coloration.
Verser 1 litre d'eau, saler, poivrer et porter à ébullition.
Cuire à couvert pendant 10 minutes.

Servir très chaud sur les tranches de pain.

La soupe vite faite. Tonifiante grâce aux mille vertus de l'oignon. Autrefois, elle était accompagnée d'un œuf au plat baptisé avec le traditionnel filet de vinaigre !

Velouté de topinambours

Pour 4 personnes

700 g de topinambours violets
100 g de champignons de Paris ou girolles...
1 gousse d'ail
1 l de bouillon de volaille
huile
sel, poivre

Dans un faitout sur feu vif, faire revenir à l'huile les topinambours épluchés et coupés en grosses rondelles.
Ajouter l'ail coupé très finement et les champignons coupés en grosses lamelles.
Faire revenir l'ensemble en tournant pendant 5 minutes.
Mouiller avec le bouillon de volaille, saler légèrement et poivrer.
Porter à ébullition puis baisser le feu, continuer la cuisson à couvert pendant 30 minutes.
Mixer et servir avec des croûtons.

Une vraie balade champêtre, le topinambour au parfum d'artichaut s'accorde parfaitement avec les champignons frais ou séchés.

Martrin

Salade de pommes de terre et chicorée

Pour 6 personnes

1 kg de pommes de terre
3 bonnes poignées de chicorée frisée,
scarole ou pissenlits
100 g de lardons
1 gros oignon
vinaigre, huile
sel, poivre

Dans une grande casserole d'eau bouillante salée faire cuire les pommes de terre en robe des champs pendant 20 minutes.
Peler les pommes de terre et les écraser grossièrement à la fourchette pendant qu'elles sont encore chaudes.
Découper les feuilles de salade.
Mélanger l'oignon émincé et les pommes de terre avec la salade, saler et poivrer.
Dans une poêle, faire revenir les lardons.

Arroser un filet de vinaigre sur la salade puis verser les lardons avec un peu d'huile.

Le petit village Martrin, près de Coupiac, a donné son nom à cette recette rustique et bien bonne.

Salade de chou et de pommes

Pour 6 personnes

1 demi-chou vert
3 pommes vertes
1 à 2 tranches de jambon de montagne
12 grains de raisins noirs
sauce au basilic
1 petite poignée de feuilles de basilic très fraîches
50 g de fromage de chèvre
4 gousses d'ail
5 cl d'huile d'olive
sel, poivre blanc

Préparer la sauce au basilic

Couper le fromage en lamelles très fines.
Dans un mortier, piler l'ail avec le basilic ciselé, ajouter et mélanger le fromage jusqu'à l'obtention d'une pâte fine.
Faire monter la sauce au basilic avec l'huile d'olive comme une mayonnaise à l'aide d'un petit fouet ou au mixeur.
Saler et poivrer, réserver la sauce au frais.

Dans un grand saladier, mettre les pommes pelées, coupées en petits dés, la partie blanche du chou coupée en très fines lamelles, le raisin soigneusement essuyé, le jambon émincé.
Réserver le saladier au frais.
Au moment de servir, verser la sauce au basilic sur la salade.
Bien mélanger l'ensemble et servir très frais.

Cette recette médiévale du Larzac est particulièrement rafraîchissante et minéralisante.

Salade de gésiers aux noix

Pour 4 personnes

4 gésiers de canard confits
1 salade frisée ou laitue ou batavia...
12 cerneaux de noix
croûtons
huile de noix
Vinaigrette
1 cuillerée à soupe de vinaigre
2 cuillerées à soupe d'huile de noix
sel, poivre

Couper les gésiers en lamelles.

Dans une poêle, chauffer sans brûler l'huile de noix, verser les lamelles de gésiers, les tourner à l'aide d'une cuillère en bois quelques minutes.

Dans un saladier, mélanger la salade avec la vinaigrette.

Répartir les lamelles de gésiers sur la salade, ajouter les croûtons et les cerneaux de noix.

Une salade gourmande et anti cholestérol qui fait honneur aux nombreux noyers de l'Aveyron. Ces noyers ont produit jadis l'huile de noix en abondance. Pour notre bonheur les moulins à huile renaissent comme à Espeyrac près de Conques.

Salade de pissenlits aux œufs durs

<u>Pour 4 personnes</u>

300 g de feuilles de pissenlits
4 œufs
100 g de lardons
2 gousses d'ail
croûtons
3 cuillerées à soupe de vinaigre
huile
sel, poivre

Dans une casserole d'eau bouillante salée, plonger les œufs pendant 8 à 9 minutes puis les passer dans l'eau froide.
Disposer les pissenlits nettoyés dans un saladier.
Frotter les croûtons avec l'ail.
Dans une poêle sur feu doux, faire revenir les lardons à l'huile.
Verser les lardons croustillants sur les pissenlits.
Déglacer la poêle avec le vinaigre, ajouter du sel et du poivre.
Juste avant de servir, verser le vinaigre chaud sur les pissenlits et mélanger délicatement.

Présenter la salade avec les croûtons et les œufs durs écalés.

L'amertume du pissenlit et la douceur des œufs!
Les anciens ne manquaient pas la cueillette des pissenlits pour se requinquer et chasser les maux d'hiver.

Salade de tenous ou grellous

Salade de pousses de chou avant floraison

Pour 4 personnes

4 bouquets de tenous
quelques feuilles de persil
2 cuillerées à soupe de vinaigre de vin ou de cidre
1 cuillerée à café de moutarde
4 cuillerées à soupe d'huile d'olive
sel, poivre

Dans une marmite, porter à ébullition suffisamment d'eau salée pour que les bouquets de tenous soient immergés.
À ébullition, cuire sur feu doux pendant 5 à 10 minutes.
Égoutter les tenous.
Dans un bol, verser le vinaigre de vin, saler et poivrer.
Ajouter et mélanger la moutarde puis l'huile et le persil haché.
Servir avec la vinaigrette.

La salade de tenous se mange tiède ou froide.
Les tenous ou grellous parfois dits tanes, grelons, grelhous sont des pousses de chou avant floraison. Vous n'en trouverez qu'en Aveyron dans les jardins, sur les marchés et même dans les grands restaurants !
Les tenous s'accordent très bien avec lardons et œufs durs.

Salade paysanne

Pour 4 personnes

1 salade frisée ou batavia ou pissenlits...
4 œufs bien frais
100 g de lardons
1 gousse d'ail, croûtons
1 oignon
100 g de fromage à pâte ferme
huile de noix, beurre
vinaigre, sel, poivre
Vinaigrette
1 cuillerée à café de moutarde
1 cuillerée à soupe de vinaigre
2 cuillerées à soupe d'huile de noix
sel, poivre

Dans un bol, préparer la vinaigrette :
Mettre le sel, le poivre, la moutarde, la faire monter avec l'huile jusqu'à la consistance d'une mayonnaise, la fluidifier avec le vinaigre.

Dans une casserole d'eau bouillante salée, plonger les œufs pendant 5 minutes puis les passer dans l'eau froide, les écaler.
Couper le fromage en bâtonnets aux mêmes dimensions que les lardons. Frotter les croûtons avec la gousse d'ail.
Dans une petite poêle sur feu doux, chauffer une noisette de beurre, faire revenir l'oignon en fines rondelles et les lardons.
Dans quatre assiettes ou grands bols, répartir la salade puis verser dessus la vinaigrette et parsemer le fromage.
Couper délicatement un chapeau sur l'œuf mollet, répartir le blanc du chapeau sur la salade et planter l'œuf mollet dans la salade.

Au moment de servir, déglacer la poêle avec le vinaigre, verser les oignons, lardons et vinaigre autour de l'œuf, garnir avec les croûtons.

Cette salade composée attise l'œil et l'appétit !

Bourriols

Crêpe épaisse à trous

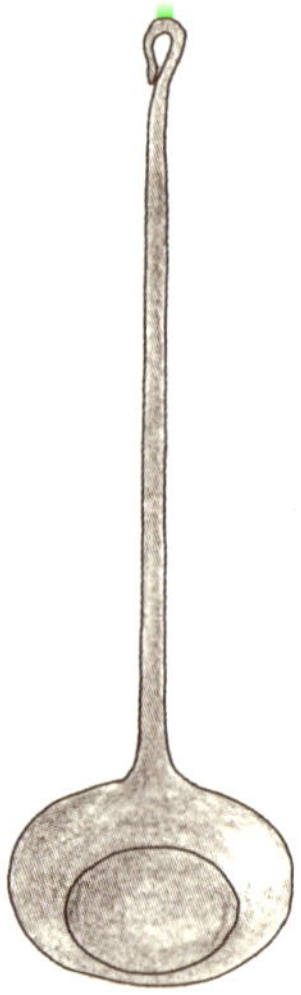

Pour 10 bourriols

250g de farine de froment
250g de farine de sarrasin
1 demi-1itre de lait
15g de levure de boulanger
huile

Délayer la levure dans un verre de lait tiède.
Dans un grand saladier, mélanger les farines, le lait restant et la levure délayée. Étendre avec un litre d'eau à température ambiante, la pâte doit avoir la consistance d'une pâte à crêpes.
Laisser reposer couvert d'un linge entre 4 à 8 heures en fonction de la température ambiante.
Retravailler la pâte avec de l'eau tiède pour l'assouplir.

Bien chauffer la poêle huilée, la passer sous l'eau froide avec les précautions d'usage, verser une louche de pâte dans la poêle, cuire le bourriol comme une crêpe épaisse sur un seul côté.

Ces bourriols se cuisinent dans une grande poêle, de préférence une poêle ancienne telle la teule. La rusticité de la poêle et le passage à l'eau froide donnent l'aspect alvéolé caractéristique du bourriol.

Farçou aux herbes

Farçou dit maigre

Pour 6 personnes

1 kg de vert de blettes
et/ou épinards et/ou pissenlits...
4 œufs
1 gousse d'ail
1 oignon
1 bouquet de persil
20 cl de lait
100 g de farine
huile
sel, poivre

Blanchir le vert des légumes à l'eau bouillante salée pendant 3 minutes, le faire égoutter puis le hacher finement.
Dans un saladier, mélanger le hachis vert, le persil haché, l'ail coupé très finement, l'oignon émincé, les œufs, le lait, le sel et le poivre.
Incorporer la farine et tourner jusqu'à l'obtention d'une pâte sans grumeaux.
Dans une poêle huilée sur feu fort, verser la pâte, cuire pendant 5 minutes environ.
Décoller le dessous du farçou, il doit être doré, le retourner.
Cuire à nouveau le dessous pendant 5 minutes environ.
Baisser le feu et continuer la cuisson à couvert pendant 10 minutes.

Vérifier la cuisson avec la pointe d'un couteau.

Le farçou des temps maigres de jadis. Il est à nouveau prisé pour sa saine association de verdures et d'œufs.

Millas

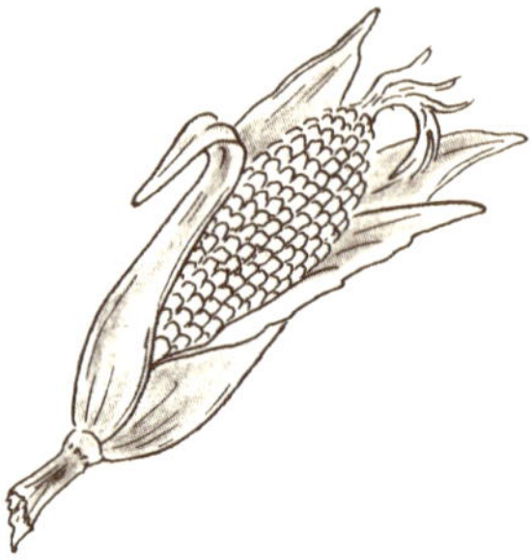

250 g de farine de maïs tamisée
1 l de lait
1 cuillerée à soupe d'huile
sel

Dans une casserole, porter le lait à ébullition avec l'huile et le sel.
Baisser le feu et verser progressivement la farine en pluie tout en remuant à la cuillère en bois pendant environ 20 minutes, la bouillie s'épaissit et doit se détacher des bords de la casserole en tournant.

Étaler le millas dans un plat.

Si des grumeaux se forment malgré le tamisage de la farine, dissolvez-les en début de cuisson avec un fouet.
Le millas se sert chaud ou poêlé, coupé en petits doigts. Il accompagne avec bonheur les plats en sauce (ragoûts, daubes, civets...)

Millas sucré

Même recette que ci-dessus, une fois refroidi, couper le millas en tranches d'un centimètre d'épaisseur, les griller à la poêle et les servir chauds saupoudrés de sucre.

Ce dessert d'enfance est nourrissant et forcément bon !

Pascade

200 g de farine
3 œufs
lait, eau, huile, sel

Dans un saladier, mélanger la farine, le sel et les œufs. Verser petit à petit un peu de lait et un peu d'eau. Mélanger au fouet, la pâte doit être fluide, sans grumeaux mais plus épaisse qu'une pâte à crêpes.
Laisser reposer 1 heure.
Dans une poêle huilée sur feu fort, verser la pâte.
Cuire chaque face pendant 4 minutes environ.

Pascade aux oignons

200 g de farine
3 œufs
2 oignons
lait, eau, huile, sel

Faire revenir les oignons émincés dans une poêle avec un peu d'huile. Lorsqu'ils sont dorés, suivre la recette ci-dessus en incorporant les oignons à la pâte.

La pascade, spécialité rouergate, était autrefois préparée sans lait, seulement avec de l'eau. Elle est faite pour les jours maigres du temps pascal et des vendredis, elle ne contient pas de lard.

Picaucels

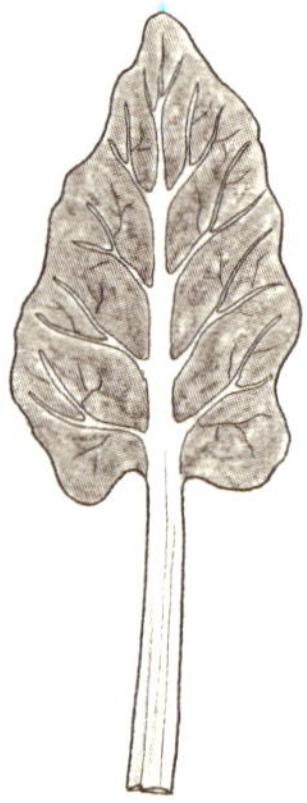

400 g de farine
150 g de pruneaux
150 g de vert de blettes
4 œufs
40 cl de lait
1 bouquet de persil
1 sachet de levure en poudre
vin rouge
sel

Blanchir les verts de blettes à l'eau bouillante salée pendant 3 minutes puis les égoutter.
Mettre à tremper les pruneaux dénoyautés dans du vin rouge.
Dans un saladier, mélanger la farine, la levure, le sel, incorporer les œufs un à un puis le lait.
Ajouter les pruneaux égouttés, le persil et les blettes hachés.
Verser la pâte dans un moule à hauts bords huilé.
Mettre à four chaud pendant 40 minutes.

Le picaucel se mange salé, vous pouvez si vous le souhaitez l'enrichir au jambon. Il se mange aussi sucré en ajoutant des dés de poires aux ingrédients.

Pizza verte de l'Aubrac

Pâte à pizza
400 g de farine
240 ml d'eau
4 cuillerées à soupe d'huile d'olive
1 sachet de levure boulangère
1 cuillerée à café de sel
Garniture
400 g de vert de blettes
1 petit verre de coulis de tomate
150 g de tome fraîche de l'Aubrac
50 g de fromage râpé
huile d'olive, sel

Dans un saladier, verser la farine, l'huile, le sel, la levure puis l'eau tiédie. Pétrir la pâte de façon à obtenir une pâte lisse. Laisser reposer.
Faire revenir les blettes avec un peu d'huile d'olive, saler, cuire à couvert sur feu doux pendant 15 minutes puis hacher les blettes.
Garnir une plaque à four de papier sulfurisé huilé.
Étendre la pâte sur le papier à l'aide d'un rouleau.
Répartir le coulis de tomate sur la pâte, saler, parsemer les blettes, puis le fromage râpé.

Mettre à four chaud pendant 15 minutes. Ajouter la tome fraîche coupée en petits cubes dès que la pizza sort du four et l'arroser d'un filet d'huile d'olive.

Cette pizza aux couleurs de l'Aubrac a vraiment un succès fou ! Les tartes aux légumes et fromage, ancêtres de la pizza, étaient déjà présentes dans les fours communaux d'Occitanie au XII ème siècle.

Aubergines à la crème

Pour 6 personnes

1 kg d'aubergines pas trop grosses
50 cl de crème fraîche
200 g de lardons fumés
3 gousses d'ail
3 oignons
1 bouquet de persil plat
huile d'olive
sel, poivre

Couper les aubergines en tranches d'un centimètre dans le sens de la longueur, saupoudrer de gros sel et les laisser dégorger pendant 30 minutes.
Pendant ce temps, dans une poêle, faire revenir à l'huile les oignons émincés et les lardons pendant 10 minutes, les réserver.
Hacher finement les gousses d'ail et le persil, les réserver.
Éponger les aubergines dégorgées, remettre de l'huile dans la poêle, les faire revenir.
Dans un plat à gratin huilé, disposer une couche d'aubergines, combler les interstices avec de l'aubergine.
Parsemer sur les aubergines la moitié du mélange oignons-lardons puis de persil-ail. Saler et poivrer.
Remettre une couche d'aubergines puis d'oignons-lardons et de persil-ail.
Saler et poivrer, couvrir avec la crème.

Mettre à four moyen pendant 20 minutes.

Un plat moelleux et savoureux cuisiné depuis fort longtemps dans la vallée orientale du Tarn.

Cèpes farcis

Pour 6 personnes

6 beaux cèpes
250 g de chair à saucisse
1 œuf
2 gousses d'ail
2 échalotes
1 bouquet de persil
vin blanc
beurre
sel, poivre

Nettoyer les cèpes et séparer la tête du pied, couper légèrement le dessus du chapeau pour l'assise, creuser l'intérieur du chapeau.
Hacher finement la chair creusée des chapeaux et les pieds des cèpes.
Dans un saladier, mélanger les échalotes émincées, les gousses d'ail coupées finement, le hachis de champignons, le persil haché, l'œuf, la chair à saucisse, le sel et le poivre.
Garnir chaque tête d'une boule de farce.
Disposer les têtes de cèpes dans un plat à four beurré.

Cuire à four moyen pendant 50 minutes en arrosant de temps en temps avec un filet de vin blanc.

Le coup du chapeau gourmand!

Chou farci

Poule verte

Pour 6 personnes

1 beau chou vert frisé
500g de restes de viande
ou chair à saucisse
300g de feuilles de blettes
1 œuf
2 gousses d'ail, 1 oignon
1 petit bouquet de persil
1 bouquet garni
50g de mie de pain, lait
1l de bouillon de légumes
huile, sel, poivre

Retirer les grosses feuilles du chou à la main et évider le trognon avec la pointe d'un couteau.
Blanchir le chou dans une grande quantité d'eau bouillante salée pendant 10 minutes, le mettre à égoutter.
Blanchir les feuilles de blettes dans de l'eau bouillante salée pendant 3 minutes, les mettre à égoutter.
Disposer le pain dans une assiette et le laisser s'imbiber de lait.
Faire revenir à l'huile l'oignon émincé et l'ail coupé très finement, ajouter les restes de viande hachée ou la chair à saucisse, continuer à chauffer pendant 5 à 10 minutes tout en tournant le hachis à la spatule en bois.
Verser le hachis dans un saladier, ajouter le pain écrasé, l'œuf, les feuilles de blettes et le persil hachés, saler et poivrer.
Mélanger le tout jusqu'à l'obtention d'une farce homogène.
Disposer une boulette de farce au cœur du chou, intercaler de la farce entre chaque feuille et ficeler le chou.
Dans un faitout sur feu doux, mettre le bouquet garni et porter le bouillon à ébullition, déposer délicatement le chou.

Cuire à couvert pendant 1 heure et demie sur feu très doux.

Chou farci au pounti

Pour 6 personnes

1 beau chou vert frisé
bardes de lard
pounti (voir page 147)

Retirer les grosses feuilles du chou à la main et évider le trognon avec la pointe d'un couteau.
Blanchir le chou dans une grande quantité d'eau bouillante salée pendant 10 minutes, le mettre à égoutter.
Garnir le cœur de chou de pounti et en mettre aussi entre les feuilles de chou, barder le chou pour éviter les fuites de pounti et le ficeler.
Disposer le chou dans un plat à four graissé.
Mettre à four moyen pendant 1 heure et demie.

S'il vous reste du chou farci, vous pouvez l'accommoder à la mode de mamie : coupez le chou en tranches d'un doigt d'épaisseur puis faites-les griller à la poêle des deux côtés. Un vrai régal.

Côtes de blettes

Pour 4 personnes

600 g de côtes de blettes
4 cuillerées à soupe de tomata
persil
100 g d'olives vertes dénoyautées
1 cuillerée à soupe d'huile d'olive
sel, poivre

Laver les côtes de blettes et les coupées en petits bâtonnets.
Cuire les côtes de blettes à l'eau ou au cuit vapeur pendant 10 minutes environ.
Dans une sauteuse, chauffer l'huile, faire revenir les côtes de blettes quelques instants, ajouter le tomata.
Saupoudrer de persil haché et répartir les olives coupées en 4.
Saler et poivrer.

Continuer la cuisson sur feu doux à couvert pendant 5 minutes.

Tout est bon dans la blette : les verts apportent de la finesse dans la grande famille des farçous, et les côtes peuvent être cuisinées en gratin, en soupe ou sautées comme çi-dessus.

Courgettes farcies au riz

Pour 4 personnes

8 petites courgettes
50 g de riz long
150 g de lardons fumés
1 œuf
1 gousse d'ail, 1 oignon
100 g de fromage râpé
huile d'olive
sel, poivre

Blanchir les courgettes dans de l'eau bouillante salée pendant 5 minutes, les égoutter et les couper en deux dans le sens de la longueur.
Évider les courgettes avec une petite cuillère et réserver la chair.
Dans une casserole sur feu doux, porter un demi-litre d'eau salée à ébullition, verser le riz et continuer la cuisson sur feu doux pendant 15 minutes.
Égoutter le riz dans une passoire.
Dans une poêle sur feu doux, faire revenir à l'huile d'olive l'oignon émincé, les lardons, l'ail coupé finement, la chair de courgette hachée pendant 5 à 8 minutes puis saler, poivrer et mélanger le tout avec le riz.
Dans un bol, mélanger l'œuf et le fromage râpé.
Farcir les courgettes avec le riz, répartir dessus le mélange œuf-fromage et arroser d'un filet d'huile d'olive.

Mettre à four chaud pendant 20 minutes.

Une recette pour le coup d'œil et le goût. Choisir de petites courgettes, elles sont plus moelleuses et sans graines.

Fèves au lard

1 kg de fèves fraîches (400 g dérobées)
100 g de lardons fumés
1 gousse d'ail
1 oignon
1 petit bouquet de persil
50 g de beurre
huile d'olive
sel, poivre

Verser les fèves écossées dans de l'eau légèrement salée. Porter à ébullition et laisser cuire les fèves pendant 5 minutes, les égoutter. Dérober chaque fève (retirer la peau) en les pinçant entre le pouce et l'index.
Faire une persillade avec le persil et l'ail hachés.
Dans une cocotte sur feu doux, faire revenir à l'huile l'oignon émincé puis les lardons.
Ajouter les fèves, un demi-verre d'eau, le sel et le poivre.
Mélanger l'ensemble et saupoudrer de persillade.
Cuire sur feu très doux à couvert pendant 10 minutes, les fèves doivent être bien moelleuses.

Servir avec le beurre réparti en noisettes sur les fèves.

Une salade raffinée, vitaminée et riche en minéraux, à servir tiède ou froide.

Févettes à la croque au sel

Présenter à même le plat les févettes dans leur cosse. Chacun écosse ses févettes et les trempe dans du sel avant de les croquer.

Le plaisir convivial, frais et croquant de nos anciens lors des récoltes des premières fèves en mai et juin.

Galette de pommes de terre au laguiole

Pour 6 personnes

800 g de pommes de terre type BF15, bintje...
6 œufs
150 g de laguiole
2 oignons
1 bouquet de persil
2 cuillerées à soupe de farine
huile
sel, poivre

Dans une poêle sur feu doux, faire revenir à l'huile les oignons émincés.
Éplucher et râper les pommes de terre.
Dans un saladier, mélanger à la fourchette les pommes de terre râpées, le laguiole râpé, le persil haché, les œufs un à un, la farine, le sel, le poivre et les oignons émincés.
Remettre de l'huile à chauffer dans la poêle, répartir la préparation aux pommes de terre râpées et l'aplatir pour obtenir une grosse galette de 2 centimètres d'épaisseur environ.
Cuire à couvert pendant 12 minutes, décoller la face inférieure avec une spatule en bois, la retourner à l'aide du couvercle.
Cuire à couvert pendant 12 minutes.

On peut servir la galette avec une sauce au roquefort.

Gratin de brocolis

Pour 5 personnes

1 brocoli
500 g de restes de viande
2 œufs
1 gousse d'ail
1 oignon
1 petit bouquet de persil
20 cl de sauce tomate
ou tomata assaisonné
80 g environ de mie de pain
100 g de fromage râpé
huile d'olive
sel, poivre

Faire tremper la mie de pain dans du lait.
Dans une poêle faire revenir à l'huile l'oignon émincé puis la viande hachée.
Cuire les brocolis au cuit-vapeur ou à l'eau bouillante salée pendant 8 minutes.
Dans un saladier, mélanger la viande hachée, la mie de pain égouttée, l'ail et le persil hachés, le sel, le poivre puis incorporer un à un les œufs.
Dans un plat à gratin huilé, mettre une couche de brocolis, une couche de farce, puis une couche de brocolis et une couche de sauce tomate.
Saupoudrer de fromage râpé.
Mettre à four chaud pendant 20 minutes.

Vous pouvez remplacer les restes de viande par de la chair à saucisse en prolongeant la cuisson de 20 minutes.

Gratin de chou-fleur

Pour 4 personnes

1 chou-fleur
2 râpées de muscade
40 g de farine
chapelure
30 g de beurre + noisettes de beurre
50 cl de lait
10 cl de crème fraîche
100 g de fromage râpé
sel, poivre

Couper le chou-fleur en petits bouquets en retirant les grosses queues, le blanchir à l'eau bouillante salée pendant 10 minutes.
Dans une casserole sur feu doux, faire fondre le beurre, ajouter et mélanger la farine puis la délayer avec du lait froid.
Saupoudrer de muscade, saler et poivrer.
Continuer la cuisson en tournant avec une cuillère en bois jusqu'à l'obtention d'une sauce épaisse.
Hors du feu, incorporer la crème fraîche.
Dans un plat à four beurré, disposer les bouquets de chou-fleur, recouvrir de sauce, de chapelure, de fromage râpé et parsemer quelques noisettes de beurre.

Cuire à four doux pendant 10 minutes puis gratiner sous le gril pendant 5 minutes.

Vous pouvez enrichir ce gratin en lui incorporant 100 g de crevettes décortiquées. Le chou-fleur se marie parfaitement avec la saveur des crevettes.

Gratin du Larzac

Pour 6 personnes

1,5 kg de pommes de terre
150 g de roquefort
10 cl de crème fraîche
40 cl de lait
1 jaune d'œuf
fromage râpé
huile, sel, poivre

Couper les pommes de terre épluchées en fines rondelles d'environ 3 millimètres.
Chauffer le lait.
Faire fondre le roquefort au bain-marie ou au micro-ondes avec la crème et le jaune d'œuf.
Dans un plat à four huilé, disposer une couche de pommes de terre, saler et poivrer.
Verser la moitié de la crème au roquefort sur les pommes de terre.
Confectionner une deuxième couche avec le restant de pommes de terre et de crème au roquefort.
Recouvrir de lait chaud, saupoudrer de fromage râpé.

Mettre à four chaud pendant une heure.

Bergerie sur le plateau du Larzac

Gratinée d'oignons au roquefort

Pour 6 personnes

750 g d'oignons
100 g de roquefort
6 tranches de pain rassis
noix de muscade
fromage râpé
huile d'olive
sel, poivre

Dans une casserole, faire revenir à l'huile les oignons émincés jusqu'à coloration.
Mouiller avec 2 litres d'eau bouillante et cuire à couvert pendant 20 minutes.
Saler, poivrer, saupoudrer de 2 râpées de muscade.
Garnir un plat à four à hauts bords ou une soupière allant au four avec les tranches de pain et le roquefort émietté.
Verser le bouillon aux trois-quarts du plat à four, saupoudrer de fromage râpé.
Mettre à four chaud pendant 15 minutes.

Le roi des fromages honoré par le roi des légumes !
Vous pouvez donner du corps à votre bouillon en lui ajoutant un verre à liqueur de cognac.

Haricots coco frais à la rouergate

Pour 4 personnes

500 g de haricots coco frais
saucisse fraîche à cuire
1 tranche de jambon de pays
150 g de lardons fumés
1 tomate, 1 gousse d'ail, 1 oignon
1 bouquet garni
graisse d'oie
sel, poivre

Dans une marmite d'eau froide, mettre les haricots et porter à ébullition, cuire sur feu doux pendant 5 minutes, égoutter les haricots et les réserver.
Dans une cocotte sur feu doux, faire revenir à la graisse d'oie l'oignon émincé puis le jambon coupé en petits carrés, les lardons et la tomate pelée, épépinée et concassée.
Ajouter les haricots, l'ail et le bouquet garni.
Recouvrir d'eau, cuire à couvert pendant 1 heure et demie.
Enfoncer la saucisse dans les haricots, saler et poivrer.

Continuer la cuisson une demi-heure, vérifier la texture des haricots et continuer éventuellement la cuisson.

Un plat au succès garanti. Il est encore meilleur en plongeant deux quartiers de confit de canard dans les cocos dès le début de la cuisson.

Haricots coco secs à la rouergate

Même recette que les haricots frais en faisant tremper les haricots secs la veille dans de l'eau et en prolongeant la cuisson d'une demi-heure à une heure en fonction de l'ancienneté des haricots.

Pour la réussite de la recette, choisissez des haricots secs ne dépassant pas un an de conservation.

Haricots verts à la rouergate

Pour 4 personnes

600 g de haricots verts
150 g de lardons fumés
vinaigre
graisse d'oie ou huile d'olive
sel, poivre

Dans une casserole d'eau froide salée, mettre les haricots verts, porter à ébullition et cuire pendant 20 minutes.
Égoutter les haricots verts.
Dans une poêle sur feu doux, faire revenir à l'huile les lardons, ajouter les haricots, saler et poivrer, arroser d'un filet de vinaigre.
Mélanger, faire sauter les haricots et servir.

C'est simple, léger et délicieux arrosé du filet de vinaigre traditionnel en Aveyron !

Haricots verts à la tomate

Pour 6 personnes

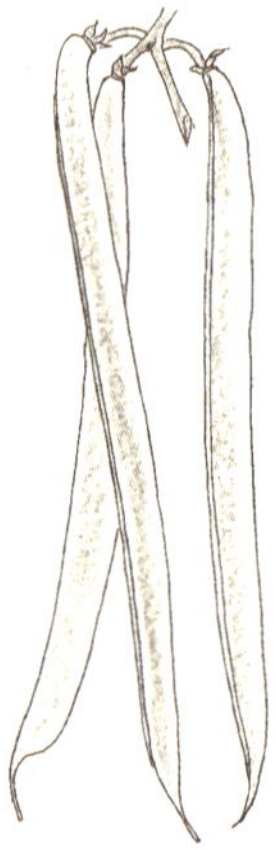

1,5 kg de haricots verts
4 tomates
1 gousse d'ail
1 bel oignon
1 bouquet garni
graisse d'oie ou huile d'olive
sel, poivre

Dans une cocotte, faire revenir à la graisse d'oie les oignons émincés puis les tomates pelées, coupées en quartiers et épépinées.
Ajouter les haricots verts, l'ail en chemise, le bouquet garni, le sel et le poivre.

Cuire sur feu doux à couvert pendant 40 minutes.

Un plat vitaminé aux produits du Sud-Aveyron.

Oseille au confit

Pour 6 personnes

2 quartiers de confit de canard
2 kg d'oseille
6 œufs
1 verre de bouillon de légumes
sel, poivre

Dans une casserole d'eau bouillante salée, plonger les œufs pendant 8 à 9 minutes puis les passer dans l'eau froide et les écaler.
Dans une cocotte sur feu doux, chauffer les quartiers confits avec leur graisse pendant 10 minutes environ.
Réserver les quartiers de confit au chaud.
Verser l'oseille dans la cocotte, saler et poivrer, émietter les blancs d'œufs sur l'oseille.
Dans un bol, écraser les jaunes d'œufs à la fourchette, mouiller avec le bouillon de légumes.
Verser sur l'oseille, mélanger délicatement et cuire sur feu très doux pendant 10 minutes.

Servir l'oseille avec ses quartiers de confits.

La petite pointe acidulée de l'oseille se marie très bien avec le confit d'oie ou de canard.

Pommes de terre à l'étouffée

<u>Pour 6 personnes</u>

1,5 kg de pommes de terre de type bintje ou charlotte
graisse d'oie ou de canard, huile d'arachide ou saindoux
sel, poivre

Couper les pommes de terre en rondelles de 3 millimètres d'épaisseur environ.
Dans une grande poêle ou une cocotte sur feu vif, bien chauffer la graisse, verser les rondelles de pomme de terre et les faire colorer en soulevant.
Mettre sur feu doux, saler et poivrer.
Continuer la cuisson à couvert pendant 20 minutes environ.

En fin de cuisson, vous pouvez incorporer de la tome fraîche coupée en petits cubes, la tome se marie très bien avec les pommes de terre.
Les éventuels restes sont très bons cuisinés en omelette.

Pommes de terre au confit

Pour 4 personnes

2 quartiers de confit
600 g de pommes de terre type BF15, belle de Fontenay...
2 gousses d'ail, 1 bouquet de persil
sel, poivre

Couper les pommes de terre en petits dés.
Faire une persillade en hachant très finement l'ail et le persil.
Dans une poêle sur feu doux, chauffer les quartiers de confits avec leur graisse pendant 10 minutes environ.
Réserver les quartiers au chaud.
Verser les dés de pommes de terre dans la poêle, saler et poivrer, cuire pendant 15 minutes. Saupoudrer les pommes de terre de persillade. Servir avec les quartiers de confit.

Pommes de terre aux cèpes

Pour 6 personnes

1,5 kg de pommes de terre
de type bintje, monalisa ou manon...
700 g de cèpes
1 gousse d'ail, 1 bouquet de persil
1 cuillerée bombée de graisse d'oie
sel, poivre

Couper les cèpes en escalope de 5 millimètres d'épaisseur.
Couper les pommes de terre en rondelles de 3 à 5 millimètres d'épaisseur environ.
Dans une cocotte sur feu vif, faire fondre la graisse d'oie, mettre les rondelles de pommes de terre. Cuire à couvert pendant 10 minutes.
Retourner les pommes de terre pour les dorer sur l'autre face, les saler et les poivrer.
Ajouter les cèpes coupés en petits morceaux, le persil et l'ail hachés. Continuer la cuisson sur feu doux pendant 10 minutes.

Pommes de terre au four

Pour 4 personnes

1,2 kg de pommes de terre
200 g de fines tranches de lard
2 gousses d'ail
200 g d'oignon
1 feuille de laurier
3 pincées de thym
huile, 20 g de beurre
sel, poivre

Couper les pommes de terre épluchées en fines rondelles d'environ 3 millimètres.
Dans un plat à four huilé, disposer la moitié des pommes de terre en les faisant chevaucher.
Répartir la moitié du lard, l'ail coupé finement, l'oignon émincé, le thym et le laurier. Tasser l'ensemble, saler et poivrer.
Compléter le plat à four avec le reste de pommes de terre, les couvrir avec le reste des tranches de lard.
Saler, poivrer et parsemer le beurre coupé en noisettes.
Préparer une casserole d'eau chaude d'environ un demi-litre et la verser dans le plat à four.

Mettre à four chaud et laisser dorer pendant 15 minutes, puis cuire à four moyen pendant 45 minutes environ.

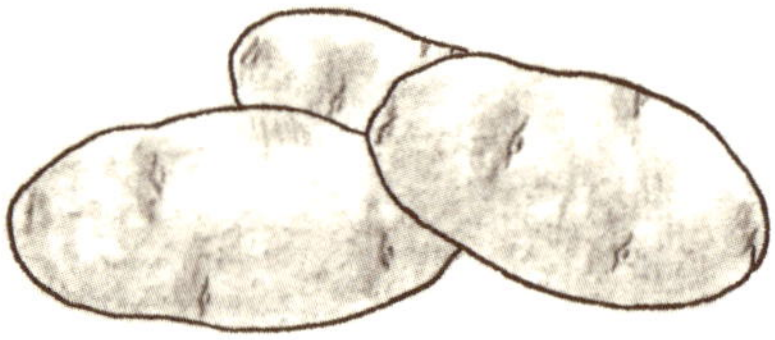

Pommes de terre farcies

Pour 4 personnes

1 kg de pommes de terre
250 g de chair à saucisse
ou restes de pot-au-feu hachés
100 g de vert de blettes
1 œuf
1 gousse d'ail
1 oignon
25 cl de bouillon de volaille
1 noix de beurre
sel, poivre

Dans une casserole d'eau bouillante salée, blanchir les verts de blettes pendant 3 minutes, les égoutter.
Dans un saladier, mélanger la chair à saucisse, l'œuf, le vert de blettes haché finement, le sel et le poivre.
Découper un chapeau sur les pommes de terre épluchées, les évider à la cuillère et les remplir de farce, elle doit déborder des pommes de terre.
Dans une cocotte, faire revenir au beurre l'oignon émincé et l'ail coupé finement.
Disposer les pommes de terre dans la cocotte en les calant avec les restes de pommes de terre et éventuellement les restes de farce, mouiller avec le bouillon de volaille.

Cuire sur feu doux à couvert pendant 1 heure en surveillant le niveau de liquide.

Un savoureux souvenir d'enfance.

Pommes de terre sous la cendre

Pommes de terre
cendres de feu de bois tièdes

Emballer les pommes de terre dans du papier d'aluminium et les placer sous la cendre chaude. Compter au minimum une demi-heure, elles doivent être souples au toucher.
Le temps de cuisson varie avec la chaleur des cendres, on peut remettre des braises dessus les cendres pour activer la cuisson.

La protection d'aluminium est facultative, cependant elle évite la carbonisation de la peau. Ces patates au parfum de fumé se dégustent nature ou avec du fromage...

Pommes de terre à l'œuf sous la cendre

pommes de terre
œufs très frais
sel, poivre
cendres de feu de bois tièdes

Suivre la recette des pommes de terre sous la cendre.
Après avoir vérifier la cuisson, découper un chapeau sur la pomme de terre.
Creuser délicatement la pomme de terre à l'aide d'une petite cuillère, casser dedans un œuf, saler, poivrer et remettre le chapeau.
Remettre le papier d'aluminium.
Cuire sur la braise pendant 5 minutes.

Rustique, amusant et parfumé !

Quiche aux courgettes et jambon

Pour 6 personnes

1 pâte brisée
3 petites courgettes
200 g de jambon en tranche épaisse
4 œufs
3 cuillerées à soupe de crème fraîche
1 cuillerée à soupe de farine
1 demi-litre de lait
100 g de fromage râpé
huile
sel, poivre

Garnir un moule à tarte avec la pâte brisée.
Cuire à blanc à four chaud pendant 10 minutes.
Couper les courgettes en rondelles d'un centimètre et le jambon en petits dés.
Dans une poêle sur feu doux, faire revenir à l'huile les courgettes et le jambon, les verser sur la pâte précuite, les saupoudrer de fromage râpé.
Dans un saladier, mélanger les œufs, la crème fraîche, la farine, le lait, le sel et le poivre.
Verser sur les courgettes au jambon,
Mettre à four chaud pendant 30 minutes.

Certains reprochent à la courgette sa fadeur, ici elle a la saveur du jambon et des œufs à la crème, même les enfants aiment !

Salsifis en ragoût

Pour 4 personnes

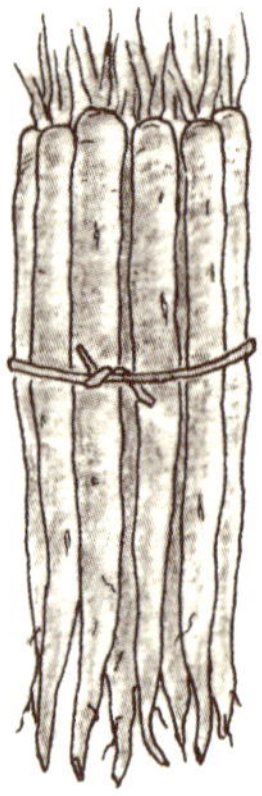

1 kg de salsifis
2 cuillerées à soupe de tomata
ou de coulis de tomate
2 gousses d'ail
1 petit bouquet de persil
50 cl de bouillon de volaille
farine
vinaigre
graisse de canard ou huile
sel, poivre

Racler les salsifis.
Les couper en 2 ou 3 et les mettre à tremper dans de l'eau vinaigrée pour qu'ils blanchissent.
Bien les laver et les égoutter.
Recouper les salsifis en morceaux d'environ 5 centimètres.
Dans une cocotte sur feu vif, chauffer la graisse de canard et faire revenir les salsifis.
Saupoudrer d'un peu de farine puis mouiller avec le bouillon, compléter avec un peu d'eau si nécessaire.
Ajouter le tomata assaisonné, l'ail coupé finement, le persil ciselé, le sel et le poivre.
Cuire sur feu doux à couvert pendant 15 à 20 minutes.

Utilisez des gants pour nettoyer les salsifis car leur pelure noircit les mains. Ce légume racine, délicat au goût, se conserve bien en hiver dans le jardin.

Salsifis persillés à la crème

Pour 4 personnes

1 kg de salsifis
1 petit bouquet de persil
1 citron
1 verre de bouillon de volaille
20 cl de crème fraîche
muscade
sel, poivre

Presser le citron dans une bassine d'eau fraîche.
Mettre les salsifis dans cette eau au fur et à mesure de leur épluchage.
Portez un faitout d'eau salée à ébullition.
Sortir les salsifis de leur eau et les verser dans le faitout.
À reprise de l'ébullition continuer la cuisson pendant 10 minutes, les égoutter et les réserver au chaud.
Dans une casserole sur feu doux, porter à ébullition le bouillon avec la crème et continuer la cuisson pendant 10 minutes.
Saler, poivrer et saupoudrer de 2 à 3 râpées de muscade, bien mélanger.
Disposer les salsifis égouttés dans un plat de service, les napper de sauce.
Saupoudrer de persil finement haché.

Ce légume cité par Curnonsky dans « le trésor gastronomique » du Rouergue est excellent en accompagnement de veau, de poulet...

Tarte à la tomate

<u>Pour 6 personnes</u>

1 pâte brisée
5 à 6 tomates
200 g de fromage
persil
moutarde
fromage râpé ou bleu émietté
huile d'olive
sel, poivre

Garnir un moule à tarte avec la pâte brisée.
Étaler une bonne couche de moutarde sur le fond de tarte, répartir dessus le fromage en lamelles.
Recouvrir le fromage d'épaisses rondelles de tomates pelées et épépinées, combler les trous entre les tomates avec de la chair de tomates.
Saler, poivrer, saupoudrer de fromage râpé et de persil haché.
Arroser d'un filet d'huile d'olive.
Mettre à four chaud pendant 30 minutes.

Vite fait et vraiment bon !

Tarte à l'oignon

Pour 6 personnes

1 pâte brisée
4 gros oignons
1 verre de tomata
100 g de fromage râpé
huile d'olive
sel, poivre

Garnir un moule à tarte avec la pâte brisée.
Dans une poêle, faire revenir les oignons émincés à l'huile.
Disposer les oignons sur la pâte à tarte.
Les recouvrir d'une fine couche de tomata.
Saler, poivrer, saupoudrer de fromage râpé.
Mettre à four chaud pendant 30 minutes.

L'oignon cuit est très digeste, parmi ses mille vertus, citons l'anti-vieillissement grâce à son sélénium !

Tomates crues farcies au roquefort

Pour 4 personnes

8 petites tomates grappes avec leurs queues
200 g de roquefort
10 cl de crème fraîche
sel, poivre

Couper la base des tomates en conservant sa queue, la partie coupée servira de couvercle.
Vider les tomates de leur chair, saler l'intérieur et les retourner pour leur faire rendre leur eau.
Dans un petit saladier écraser le roquefort à la fourchette, ajouter la crème et le poivre, bien mélanger l'ensemble.
Farcir les tomates, mettre le couvercle, les ranger dans un plat en coupant légèrement le cul des tomates si besoin pour les faire tenir debout.

Mettre au frais pendant 30 minutes.

Que faire de bon et présentable très rapidement ? Ces jolies tomates au roquefort bien sûr !

Boulettes de roquefort

125 g de roquefort
1 cuillerée à soupe de céleri haché
1 cuillerée à soupe de ciboulette hachée
60 g de crème épaisse
paprika

Bien mélanger les ingrédients, confectionner des boulettes que l'on saupoudre de paprika.

Le grand Curnonsky, inconditionnel de l'Aveyron et du roquefort, prince Élu de gastronomie a concocté cette recette en l'honneur du Rouergue.

« Je ne rencontre plus un touriste,
ni un gastronome, sans lui demander :
Connaissez-vous le Rouergue »

Lettres de Noblesse 1935 Curnonsky

Aligot

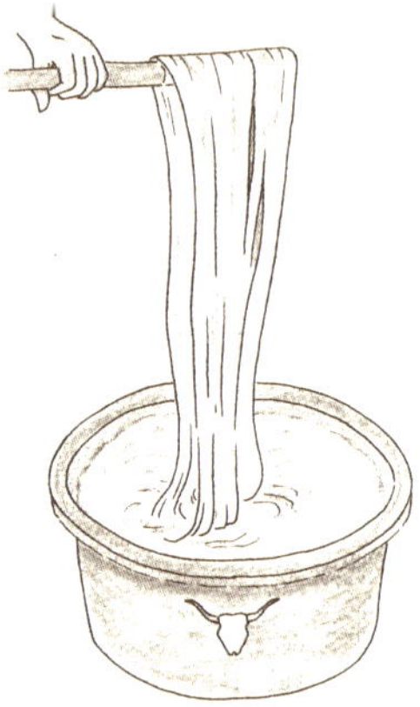

Pour 4 personnes

1 kg de pommes de terre
400 g de tome fraîche
100 g de beurre
250 g de crème fraîche épaisse
1 ou 2 gousses d'ail (facultatif)
sel, poivre

Éplucher les pommes de terre, les couper en quartiers et les plonger dans une grande casserole d'eau froide salée. Porter à ébullition et laisser cuire 20 minutes, vérifier la cuisson avec la pointe d'un couteau.
Égoutter et passer les pommes de terre au presse-purée.
Sur feu doux, incorporer le beurre, la crème fraîche et l'ail écrasé, bien mélanger avec une cuillère en bois.

Avant de servir, incorporer la tome coupée en petits cubes et remuer fortement toujours dans le même sens, l'aligot est prêt dès qu'il file en ruban en soulevant la spatule.

En Aveyron, il n'y a plus de grandes fêtes conviviales sans aligot. L'aligot se sert très chaud, il faut le préparer au bon moment pour que vos convives assistent et même participent au spectacle culinaire. Sollicitez les invités pour tourner et étirer « le ruban de l'amitié ».
L'aligot est né dans l'Aubrac, à présent il file sur toutes les tables aveyronnaises.
Si vous utilisez des flocons de pomme de terre, les réhydrater légèrement avec de l'eau seulement. L'accompagnement traditionnel de l'aligot est la saucisse grillée ou des tripoux bien en sauce.

Aligot au pain

Faire tremper un pain rassis coupé en tranches dans du lait. Essorer le pain pour retirer le lait puis réaliser la recette de l'aligot en remplaçant la purée par le pain essoré.

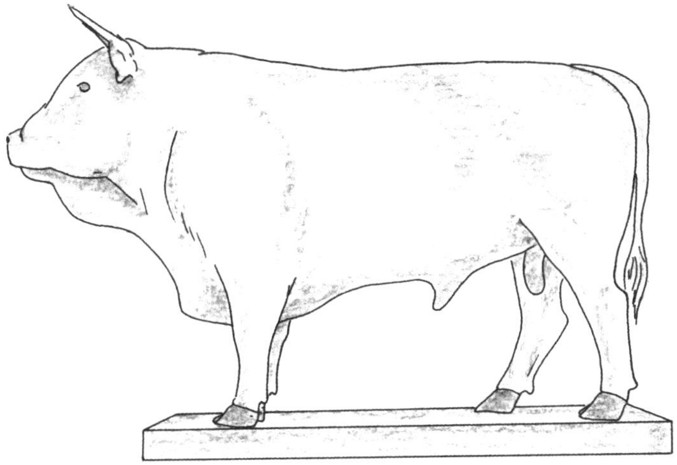

Taureau Aubrac en bronze
Foirail de Laguiole

L'aligot au pain est l'ancêtre de l'aligot actuel. Il a été détrôné à l'arrivée de la pomme de terre sous Louis XVI. Les moines de l'Aubrac l'offraient aux pèlerins de Saint-Jacques de Compostelle. Les jacquaires en quête de nourriture, demandaient en latin « quelque chose » : aliquid ? Qui a été déformé avec le temps en aliquot puis adopté en langue d'oc en aligot.
Et comme dit l'humoriste : on a tous besoin des indispensables aligot-éléments !

Feuilleté au roquefort

Pour 6 feuilletés

1 pâte feuilletée
50g de roquefort
1 jaune d'œuf

Découper des rectangles de 6 centimètres sur 10 dans la pâte.
Garnir la moitié des rectangles de roquefort émietté en laissant une marge d'un centimètre sur les bords.
Badigeonner d'eau cette marge à l'aide d'un pinceau.
Recouvrir les rectangles garnis avec les rectangles restants.
Souder les bords avec le pouce, bien relever les bords soudés pour éviter les fuites de fromage à la cuisson.
Faire des traits sur les feuilletés à l'aide d'un couteau et les dorer au jaune d'œuf à l'aide d'un pinceau.
Passer à four moyen pendant 10 à 12 minutes.

Lavogne, réserve d'eau pour brebis

Fromagée de l'Aubrac

tome fraîche de l'Aubrac
marc de raisin ou eau-de-vie
sel, poivre

Dans un bocal, mettre la tome en lamelles, saler et poivrer. Recouvrir de marc de raisin, fermer le bocal.

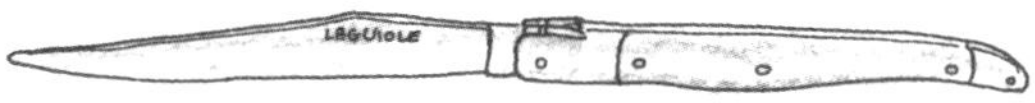

Oubliez votre fromagée au moins un mois, à l'ouverture ça diffuse !

Galettes au roquefort

Pour 4 personnes

1 saladier de purée de pommes de terre
75 g de roquefort
150 g de farine
100 g de beurre
quelques noix décortiquées

Dans un saladier, mélanger la farine, la moitié du beurre et la purée jusqu'à l'obtention d'une pâte souple et homogène.
Sur un plan de travail fariné, abaisser la pâte au rouleau pour lui donner un demi-centimètre d'épaisseur.
Découper dans la pâte des cercles d'environ 7 cm de diamètre.
Dans un bol, faire une crème de roquefort en mélangeant le roquefort, le beurre restant et les cerneaux de noix écrasés.
Prendre un cercle de pâte, le tartiner avec la crème de roquefort puis couvrir avec un autre cercle de pâte.
Mettre les galettes à four chaud pendant environ 15 minutes, le dessus doit être bien doré.

Servir les galettes chaudes.

Petit côté pratique : vous pouvez préparer les galettes la veille, elles n'en seront que meilleures réchauffées (ou cuites) le jour même.
Si vous utilisez des flocons de pomme de terre, les réhydrater légèrement avec de l'eau seulement.

Gatis de Saint-Affrique

Brioche au fromage

Pour 16 gatis

Pâte à brioche
250 g de farine
10 g de levure de boulanger
125 g de beurre à température ambiante
3 œufs + 1 jaune d'œuf pour la dorure
1 cuillerée à café de sel
garniture
160 g de tome fraîche
80 g de roquefort

La veille, préparation de la pâte à brioche

Délayer la levure dans un peu d'eau tiède.
Faire une fontaine avec la farine, verser la levure délayée et mélanger petit à petit, ajouter les œufs et le sel.
Travailler l'ensemble jusqu'à l'obtention d'une pâte homogène et non collante aux doigts.
Ajouter petit à petit le beurre ramolli et continuer à pétrir.
Mettre la pâte dans un saladier et le recouvrir d'un torchon.
Laisser lever la pâte dans un endroit tempéré sans courant d'air.

Le jour même

Retravailler la pâte puis la couper plusieurs fois en deux pour obtenir 16 boules.
Faire un trou très profond dans chaque boule, mettre 10 g de tome et 5 g de roquefort dans chaque trou.
Reformer chaque boule en recouvrant le fromage de pâte.
Couvrir les brioches d'un linge et les laisser monter pendant une heure.
Dorer les brioches avec le jaune d'œuf à l'aide d'un pinceau.
Mettre à four moyen pendant 30 minutes.

Une recette gastronomique saint-affricaine depuis plus de cent ans. Le gatis est une vraie gâterie !

Rebarbe

Crème de roquefort à l'eau-de-vie

restes de roquefort
lait
1 verre à liqueur d'eau-de-vie
poivre

Écraser les restes de roquefort à l'aide d'une fourchette dans du lait, poivrer et ajouter l'eau-de-vie.
Mélanger jusqu'à l'obtention d'une crème onctueuse.

Garder au frais quelques jours.

Pont Vieux et Clocher de Saint-Affrique

Soufflé au roquefort

100 g de fromage de roquefort
4 œufs
60 g de farine
30 g de beurre
25 cl de lait
sel, poivre

Au cœur du roquefort

Séparer les blancs des jaunes d'œufs.
Monter les blancs d'œuf en neige très ferme.
Dans une casserole sur feu très doux, faire fondre le roquefort en le remuant jusqu'à l'obtention d'une crème homogène et lisse, le réserver.
Dans une autre casserole sur feu très doux, faire fondre le beurre, ajouter la farine et mélanger au fouet.
Verser le lait en continuant de tourner.
Hors du feu, incorporer petit à petit le roquefort, puis les jaunes d'œufs et enfin les blancs d'œufs. Saler et poivrer.
Verser dans un moule à soufflé beurré et fariné.

Mettre à four chaud pendant environ 20 minutes en surveillant.

À déguster sans attendre.

Truffade

Pour 4 personnes

1 kg de pommes de terre
400 g de tome fraîche
2 oignons
graisse d'oie ou huile
sel, poivre

Dans une casserole d'eau froide, mettre les pommes de terre en robe des champs, porter à ébullition et continuer la cuisson pendant 20 minutes, laisser les pommes de terre tiédir, les éplucher et les couper en fines rondelles.
Dans une grande poêle, faire revenir les oignons émincés à la graisse d'oie.
Verser les pommes de terre, saler, poivrer. Cuire sur feu doux pendant 10 minutes environ : elles doivent être fondantes sans être dorées.
Ajouter la tome coupée en petits dés, remuer l'ensemble à la spatule en bois jusqu'à l'obtention d'un mélange homogène et filant.
Continuer la cuisson pour saisir la truffade « comme une grosse crêpe ».

Retourner la poêle dans un plat.

Vous pouvez cuire les pommes de terre en robe des champs la veille. Ainsi, la texture des pommes de terre sera mieux préservée lors de l'incorporation de la tome.

Retortillat de l'Aubrac

<u>Pour 4 personnes</u>

1 kg de pommes de terre
300 g de tome fraîche de l'Aubrac
100 g de laguiole
persil
huile
sel, poivre

Dans une poêle sur feu moyen, faire chauffer l'huile.
Ajouter les pommes de terre coupées en fines rondelles, saler et poivrer.
Cuire à couvert sur feu doux. Lorsque les pommes de terre sont cuites au bout d'environ 20 minutes, ajouter la tome fraîche et le laguiole coupés en lamelles.
Laisser fondre doucement puis remuer, le fromage file et tortille.
Parsemer le retortillat de persil ciselé et servir bien chaud.

Buron de l'Aubrac

Une tradition des buronniers de l'Aubrac entre aligot et truffade, remise à la mode culinaire contemporaine. Vous pouvez l'accommoder avec lardons, ail...

Couronne d'œufs au jambon

<u>Pour 6 personnes</u>

12 œufs
4 tranches de jambon
1 bouquet de persil
huile
sel, poivre

Huiler un moule à baba et le tapisser de tranches de jambon en appuyant pour les faire adhérer au moule, couper les parties dépassant du moule.
Casser les œufs en les déposant l'un à côté de l'autre dans le moule.
Saler, poivrer, saupoudrer de persil.
Mettre à four chaud au bain-marie pendant 30 minutes, vérifier la cuisson avec une pointe de couteau.
Mettre au frais.

Les convives sont toujours émerveillés lors de la présentation de cette couronne. Vous pouvez en garnir le centre avec une mayonnaise, du tomata assaisonné, de la salade...

Œufs à l'oseille

Pour 4 personnes

6 œufs
400g de jeunes feuilles d'oseille
1 tranche de pain de campagne
lait
1 noix de beurre
sel, poivre

Faire tremper le pain dans du lait.
Dans une casserole d'eau bouillante salée, plonger les œufs pendant 10 minutes puis les passer dans l'eau froide, les écaler.
Écraser et mélanger le pain et 2 œufs durs.
Dans une poêle sur feu doux, chauffer le beurre et ajouter l'oseille, les œufs coupés en quatre, le pain aux œufs, le sel et le poivre.

Mélanger à la cuillère en bois tout en chauffant pendant 5 minutes environ.

L'oseille donne une pointe acidulée aux œufs et les rend plus digestes.

Œufs aux verts de blette ou aux épinards

Même recette que ci-dessus en remplaçant l'oseille par la même quantité d'épinards ou de verts de blettes hachés. Servir en répartissant un verre de sauce tomate chaude en garniture de la verdure.

L'acidité de la tomate remplace l'acidité de l'oseille.

Œufs fourrés au roquefort

Pour 4 personnes

5 œufs
30 g de roquefort
1 cuillerée à café de céleri haché très fin
chapelure
huile
sel, poivre

Dans une casserole d'eau bouillante salée, plonger 4 œufs pendant 8 à 9 minutes puis les passer dans l'eau froide, les écaler.
Couper les œufs durs en deux.
Émietter les jaunes d'œufs, les mélanger à la fourchette avec le roquefort, incorporer le céleri, le poivre et le sel.
Remplir les blancs avec la farce au roquefort.
Reconstituer les œufs en assemblant les demi-œufs.
Dans une assiette creuse, battre l'œuf restant en ajoutant un peu d'eau.
Passer les œufs dans l'œuf battu puis dans la chapelure.

Frire quelques instants les œufs dans une poêle huilée, le temps qu'ils soient dorés.

Des œufs surprises aveyronnais à servir avec un coulis de tomate.

Œufs sous la cendre

œufs frais
cendres de feu de bois tièdes

Mouiller les œufs, les mettre à plat sous la cendre.
Les retirer en fonction de la chaleur des cendres. Ils sont cuits à la coque.

Autrefois réservés aux enfants et aux convalescents.
Voici des œufs parfumés sans dépense d'énergie pour les possesseurs de barbecue et de cheminée.

Omelette flambée

de Capou

Pour 4 personnes

12 œufs
1 verre d'eau-de-vie
1 bon demi-verre de sucre en poudre

L'ami Capou

Dans un saladier, battre les œufs en omelette.
Verser les œufs dans une grande poêle huilée, attendre que les œufs soient quasiment pris.
Mélanger l'eau-de-vie et le sucre dans un récipient chauffé.
Hors du feu, verser sur l'omelette et flamber.
Laisser flamber longtemps en remuant pour activer la flamme.

Lorsqu'il n'y a plus de flamme, servir l'omelette telle quelle.

Une recette autant appréciée en entrée qu'en dessert.
Cette recette a été concoctée par le célèbre ami Capou de l'Aubrac. Il aime épater ses invités en leur apportant l'omelette, encore flambante, tout en la remuant. L'alcool brûle et le parfum reste. Avec les précautions d'usage bien sûr, pas de hotte aspirante, pas de courant d'air.

Omelette des Grands Causses

Pour 5 personnes

10 œufs
100 g de bleu des causses
10 cl de crème fraîche
1 noix de beurre
sel, poivre

Dans un saladier, battre les œufs en omelette avec une fourchette, les saler et les poivrer.
Émietter le bleu des causses, le mélanger à la crème en l'écrasant à la fourchette.
Dans une poêle sur feu doux, faire fondre le beurre, verser les œufs battus, incorporer la crème au bleu.
Lorsque les bords de l'omelette sont secs et le centre cuit à votre convenance, la glisser sur un plat de service en la pliant en deux.

Servir bien chaud.

Une omelette baveuse, une crème des Grands Causses et voilà un plat doux et parfumé pour gourmet !

Escargots à la rouergate

Pour 4 personnes

4 douzaines de petits gris cuits
100 g de chair à saucisse
2 tranches de jambon de pays
1 gousse d'ail
2 échalotes
50 cl de vin blanc sec
1 verre à liqueur d'eau-de-vie
1 noix de beurre
sel, poivre

Dans une cocotte, faire revenir au beurre l'ail coupé finement, l'échalote ciselée puis la chair à saucisse et le jambon coupé en dés en mélangeant bien.
Mouiller avec le vin blanc, saler, poivrer.
Cuire sur feu doux à couvert pendant 30 minutes.
Ajouter les escargots et l'eau-de-vie.

Continuer la cuisson sur feu doux à découvert pendant environ 12 minutes pour réduire la sauce.

Vous pouvez ajouter des cerneaux de noix pilés avant de verser le vin blanc.

Escargots beurrés au roquefort

Pour 5 personnes

5 douzaines d'escargots cuits
5 douzaines de coquilles vides
ou de mini-bouchées feuilletées
100 g de roquefort
5 belles gousses d'ail
2 à 3 échalotes
1 petit bouquet de persil
100 g de beurre
poivre

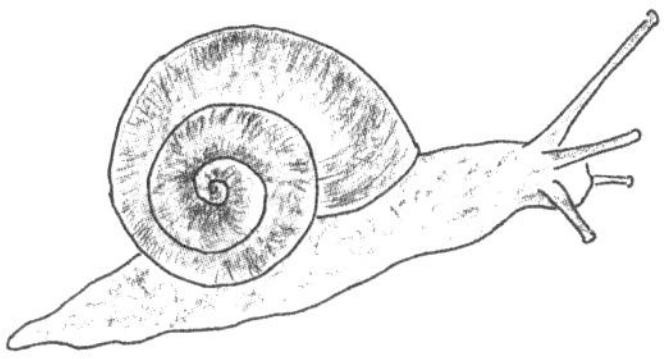

Hacher très finement les gousses d'ail, les échalotes et le persil.
Préparer le beurre d'escargot en mélangeant à la fourchette le hachis ail-échalote-persil, le roquefort, le beurre et le poivre.
Garnir le fond de coquille d'une pointe de beurre à escargot, placer un escargot et compléter avec le beurre en lissant en surface.
Mettre à four très chaud pendant 5 minutes.

Bien tasser le beurre de roquefort contre l'escargot pour que celui-ci s'imprègne du noble parfum du roi des fromages.

Estofinado

Pour 8 à 10 personnes

2 kg de stockfisch (poisson séché)
500 g de pommes de terre
6 gousses d'ail
1 gros bouquet de persil
5 œufs durs, 5 œufs frais
10 cl de lait
1 citron
30 cl d'huile
poivre

Une semaine auparavant

Couper ou scier le stockfisch en 4 à 5 morceaux, le mettre à tremper dans de l'eau froide pendant une semaine, en renouvelant l'eau tous les jours.

Le jour même

Mettre le stockfisch ramolli dans un faitout, le recouvrir d'eau, porter à ébullition et cuire pendant 20 minutes.
Laisser refroidir la casserole couverte hors du feu pendant 20 minutes puis mettre le poisson à égoutter dans une passoire.
Remplacer le poisson par les pommes de terre en robe des champs et les cuire dans la même eau pendant environ 20 minutes.
Pendant ce temps, peler le poisson et l'effeuiller en lui ôtant ses arrêtes.
Peler les pommes de terre cuites et les écraser dans la casserole vide.
Ajouter le poisson, l'ail et le persil hachés, les œufs frais, les œufs durs coupés en rondelles et le poivre.
Dans une casserole, chauffer l'huile sans la faire bouillir puis l'incorporer à la purée de poisson.
Remuer le tout avec une cuillère en bois sur feu assez vif pendant 8 à 10 minutes, puis ajouter le lait bouillant et le jus de citron.

Servir chaud dans un plat garni de croûtons dorés.

Un plat emblématique des gorges de l'Aveyron et de la vallée du Lot. Almont les Junies en a fait une spécialité très locale dans le bassin de Decazeville.

Chaque cuisinière aveyronnaise garde jalousement son alchimie pour doser harmonieusement stockfisch et chair de pommes de terre. Certaines préfèrent « l'estofiche » enrichi en légumes, par exemple 1 kg de pommes de terres pour 250 g de stockfisch, c'est aussi bon !

Clocher-porche
Place Notre-Dame de Villefranche-de-Rouergue

Estofinade du pauvre

Pour 5 personnes

1 kg de pommes de terre
4 œufs durs
3 œufs frais
3 gousses d'ail
1 bouquet de persil
3 cuillerées à soupe de crème fraîche
1 noix de beurre
30 cl d'huile de noix ou autre
sel, poivre

Dans une grande casserole, mettre les pommes de terre en robe des champs, les couvrir d'eau salée, porter à ébullition et cuire pendant 20 minutes.
Peler les pommes de terre, les écraser dans la casserole vide.
Ajouter les gousses d'ail et le persil hachés, les œufs frais, le beurre, la crème, le poivre et le sel.
Verser l'huile très chaude sur la préparation et remuer sur feu doux pendant 10 minutes.
Ajouter les œufs durs coupés en 8. Mélanger doucement.
Servir bien chaud.

Autrefois le stockfisch n'était pas à la portée de toutes les bourses, mais on savait se débrouiller sans stockfisch !

Poêlée d'écrevisses

Pour 4 personnes

24 écrevisses
2 à 3 tomates
1 gousse d'ail, 1 échalote
1 oignon
1 petit bouquet de persil
1 verre de vin blanc
huile d'olive
sel, poivre

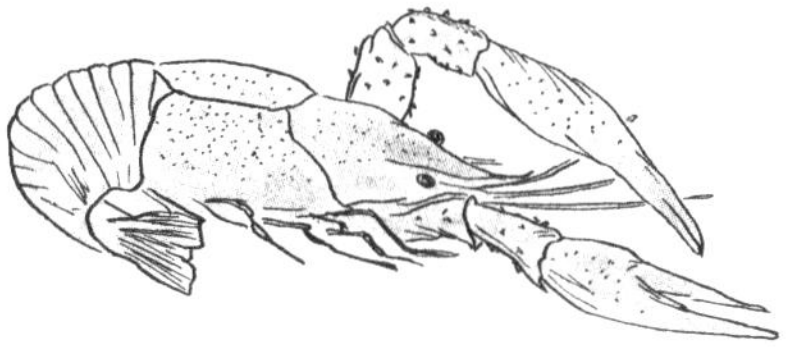

Nettoyer et châtrer les écrevisses en cassant l'écaille centrale de la queue tout en tournant, tirer l'écaille avec le petit boyau noir.
Dans une très grande poêle, chauffer l'huile puis faire sauter les écrevisses jusqu'à ce qu'elles soient bien rouges.
Sortir et réserver les écrevisses.
Remettre de l'huile dans la poêle, faire revenir l'oignon émincé, l'échalote émincée et l'ail coupé finement.
Ajouter les tomates pelées, épépinées et concassées, les écrevisses et continuer la cuisson sur feu doux à couvert pendant 10 minutes.
Mouiller avec le vin blanc, saupoudrer de persil haché, saler et poivrer.

Cuire à découvert sur feu doux pendant 6 minutes.

Cette ancienne spécialité de Rodez est un vrai raffinement pour sa sauce et la goûteuse chair de crustacé. La tradition exige de manger les écrevisses avec les doigts et une grande serviette !

Truite au verjus

Pour 4 personnes

4 truites
1 grappe de raisin avant maturation
1 gousse d'ail
1 bouquet de persil
50 g de lardons
farine
huile, beurre
sel, poivre

Faire une persillade avec l'ail et le persil hachés, réserver la moitié pour le saupoudrage après cuisson.
Saler et poivrer l'intérieur des truites, les fourrer avec la persillade et 4 ou 5 grains de raisin.
Fariner généreusement les deux côtés.
Dans une poêle sur feu doux, chauffer l'huile, ajouter le beurre et les lardons, cuire les truites 4 à 5 minutes de chaque côté en les arrosant de jus de cuisson.
Saler les truites sur les deux côtés.

Saupoudrer le dessus des truites de persillade réservée et les entourer avec les grains restants.

La recette au verjus n'est faisable que pendant la saison des raisins verts. Hors saison, remplacer les grains de raisin par des rondelles de citron.

Truite meunière aux lardons

Pour 4 personnes

4 truites
100 g de lardons fumés
1 citron
1 bouquet de persil
farine
1 noix de beurre
sel, poivre

Fariner généreusement les truites.
Dans une poêle sur feu doux, chauffer le beurre, cuire les truites 4 à 5 minutes par côté, les réserver au chaud.
Faire revenir les lardons pendant 5 minutes.
Saler et poivrer les truites, les arroser de citron et de beurre fondu.
Répartir dessus le persil haché et les lardons.

Les truites des boraldes, ruisseaux et rivières ont fait le plaisir d'Espalion, Laguiole, Saint-Geniez-d'Olt, Rodez...

Alicot

<u>Pour 4 personnes</u>

1 kg environ d'abattis d'oie ou canard gras
(têtes, cous, pattes, ailerons, carcasse)
4 carottes, 2 tomates
250 g de châtaignes
250 g de salsifis
1 oignon
1 bouquet garni
1 bouillon cube
graisse d'oie
sel, poivre

Dans une cocotte, chauffer la graisse d'oie, faire revenir l'oignon émincé puis les abattis.
Ajouter les tomates épépinées et concassées, cuire quelques minutes en tournant de temps en temps l'ensemble avec une cuillère en bois.
Ajouter carottes et salsifis épluchés et coupés en rondelles d'à peu près égale grosseur.
Faire fondre le bouillon cube dans un demi-litre d'eau bouillante.
Verser le bouillon dans la cocotte, ajouter le bouquet garni, le sel et le poivre.
Couvrir la cocotte et préparer les châtaignes :
Les fendre, les ébouillanter et retirer les deux peaux.

Mettre les châtaignes pelées dans la cocotte, continuer la cuisson à couvert sur feu doux pendant 2 heures.

L'alicot a été promu « trésor gastronomique » de Rodez par le prince élu de la gastronomie Curnonsky.
À l'origine les abattis étaient mis de côté lors de la préparation de plusieurs volailles, ils étaient cuisinés à part et gare à la bagarre pour qui la tête, pour qui les ailerons... !
Vous pouvez remplacer les châtaignes par des pommes de terre coupées en morceaux et une cuillerée de farine.

Alouette en robe des champs

<u>Par personne</u>

1 alouette
1 grosse pomme de terre ferme
graisse d'oie ou huile
sel, poivre

Plumer l'alouette, la vider, la flamber, couper les pattes.
Saler et poivrer l'intérieur et l'extérieur de l'alouette.
Planter le bec dans la chair au dessus du bréchet.
Découper un fin chapeau sur la pomme de terre non pelée.
Évider l'intérieur à l'aide d'une petite cuillère. Verser dedans un peu de graisse d'oie.
Placer l'alouette dans la pomme de terre, la recouvrir avec son chapeau.
Emballer la pomme de terre dans du papier d'aluminium.

Mettre sous la cendre ou à four chaud pendant 1 heure.

Mignon et bon ce « gibier de poche » !
Attention, chez les alouettes seule l'espèce « alouette des champs » est autorisée à la chasse. Si vous voulez préserver ce petit oiseau ami du jardinier, remplacez-le par de la saucisse fraîche de l'Aveyron ou de Toulouse.

Ase de porc farci

Pour 6 personnes

1 ase nettoyé (estomac de cochon)
2 carottes
1 oignon piqué de 2 clous de girofle
1 bouquet garni, sel, poivre
farce
800g de chair à saucisse
6 œufs
1 à 2 gousses d'ail
100g de pain rassis
200g de pruneaux
1 branche de céleri
jeunes feuilles de blettes
1 bouquet de persil
50g de farine, 25cl de lait
sel, poivre

Préparation de la farce

Faire tremper le pain dans le lait. Hacher le persil, le céleri et les feuilles de blettes.
Dans un saladier, mélanger la chair à saucisse, la farine, les œufs, le pain égoutté, les herbes hachées, l'ail coupé finement, les pruneaux dénoyautés, le sel et le poivre.

Garnir, sans tasser, l'estomac de farce, le coudre.
Porter une grande marmite d'eau à ébullition avec le bouquet garni, les carottes coupées en rondelles et l'oignon.
Saler, poivrer et immerger complètement l'estomac farci.
Cuire à presque couvert pendant 2 bonnes heures.

Un plat très rouergat, autant apprécié chaud que froid.
L'ase se sert coupé en grosses tranches, éventuellement réchauffé à la poêle. Ne pas confondre avec l'ase qui désigne un âne !

Astet de Najac

Filet de porc farci

Pour 6 personnes

1 kg de filet de porc
100 g de lardons ou poitrine salée
1 à 2 gousses d'ail
1 bouquet de persil
sel, poivre

Préparer la farce : hacher le persil et l'ail très finement puis la poitrine salée.
Couper le filet en portefeuille : L'inciser 2 à 3 fois sur la longueur pour faire des poches. Saler et poivrer le filet.
Garnir les poches de farce et ficeler le filet.
Laisser reposer 1 à 3 heures au frais, la viande se détend tout en s'imprégnant de la farce.

Cuire à four chaud pendant 1 heure.

Château forteresse de Najac

Ce filet garni se mange chaud ou froid, découpé en tranches. Autrefois, c'était l'estomac de porc que l'on garnissait avant de le rôtir à l'aste (la broche) d'où son nom. L'utilisation du filet simplifie le travail de la cuisinière et se prépare à l'avance.
Le fin du fin avec le filet mignon !

Blanquette d'agneau

Pour 6 personnes

1 kg d'agneau (collet, épaule ou poitrine)
2 gousses d'ail, 1 oignon
1 bouquet garni
1 verre de vin blanc
huile d'olive ou graisse d'oie
sel, poivre
Sauce
3 jaunes d'œufs
2 cuillerées à soupe de farine
1 cuillerée à soupe de crème fraîche
sel, poivre

Couper l'agneau en gros cubes.
Dans une cocotte sur feu doux, faire revenir à l'huile les cubes d'agneau et les réserver.
Remettre de l'huile, faire revenir l'oignon émincé, mouiller avec un verre d'eau et le vin blanc, ajouter le bouquet garni, les gousses d'ail, le sel et le poivre.
Porter à ébullition et remettre les cubes d'agneau.
Cuire à couvert sur feu doux pendant 30 minutes.
Pendant ce temps préparer la sauce :
Dans un saladier mélanger les jaunes d'œufs, la farine, la crème, le sel, le poivre et délayer avec du jus de cuisson en cours.
Hors du feu, reverser la sauce dans la cocotte en tournant bien à l'aide d'une cuillère en bois.
Laisser reposer à couvert en attendant de servir.

L'agneau de printemps à déguster avec des légumes de saison et des croûtons aillés trempés dans la sauce.

Boudin aux oignons

Pour 4 personnes

500 g de boudin noir
4 oignons
100 g de lardons fumés
graisse de rognon ou graisse d'oie ou huile
sel, poivre

Dans une poêle, faire revenir à la graisse les oignons émincés avec les lardons. À coloration ajouter le boudin coupé en tranches de 2 à 3 centimètres.
Saler, poivrer, cuire le boudin de chaque coté pendant 5 minutes.

Servir bien chaud.

Le boudin noir se cuisine aux pommes, aux châtaignes, aux raves, mais c'est aux oignons qu'il est le meilleur !

Bougnettes

1 tête de cochon coupée en deux
12 œufs
2 carottes
1 gousse d'ail
2 oignons piqués de 2 clous de girofle
1 bouquet garni
3 tranches de pain de mie
1 verre de lait
huile de friture
1 poignée de gros sel, sel, poivre

Dans une grande marmite, mettre la tête de cochon, les oignons, les carottes coupées en rondelles, l'ail en chemise, le bouquet garni, le gros sel et le poivre. Couvrir d'eau froide.
Cuire à couvert sur feu doux pendant 2 bonnes heures.
Pendant ce temps mettre à tremper le pain dans le lait. Battre les œufs à la fourchette.
Mélanger les œufs avec le pain trempé jusqu'à l'obtention d'un mélange homogène, saler et poivrer.
Sortir la tête de porc, la faire égoutter et lorsqu'elle est manipulable la désosser et couper la chair en petits dés.
Dans un grand saladier, mélanger la chair hachée et la préparation aux œufs. Confectionner des boules de la grosseur d'une belle pomme.
Plonger les bougnettes dans l'huile très chaude, elles remontent lorsqu'elles sont cuites, compter environ 30 minutes.

Sortir les bougnettes à l'aide d'une écumoire et les laisser égoutter sur une grille.

Aussi plaisant chaudes, froides, poêlées, dans la soupe...

Cabassol

Tête d'agneau et son bouillon

Par personne

1 tête d'agneau apprêtée
(coupée en deux, sans yeux ni bout de museau)
2 carottes
1 gousse d'ail
2 oignons piqués de 2 clous de girofle
1 bouquet garni
1 poignée de gros sel, poivre

Blanchir la tête d'agneau à l'eau bouillante pendant 15 minutes.
Nettoyer la langue en la râpant.
Dans une grande marmite, mettre la tête d'agneau, les oignons, les carottes coupées en rondelles, l'ail, le bouquet garni, le gros sel et le poivre. Couvrir d'eau froide.

Cuire à couvert sur feu doux pendant une bonne heure à partir de l'ébullition.

Une bonne tête ! Dégustez les oreilles, la langue, la cervelle, les joues... avec de la mayonnaise, de la moutarde, des champignons au vinaigre, des cornichons... Sans oublier le bouillon au fumet d'agneau qui a émerveillé le prince élu de la gastronomie Curnonsky.

Canard à l'aveyronnaise

Pour 4 personnes

1 jeune canard
100 g de lardons fumés
300 g d'oignons
1 cuillerée à soupe de farine
1 verre de bouillon de légumes
2 cuillerées à soupe de miel
graisse de canard
sel, poivre

Dans une cocotte sur feu doux, faire revenir à la graisse les oignons émincés et les lardons.
Ajouter le canard, saler et poivrer, cuire pendant 1 heure en mouillant de temps en temps avec le bouillon.
Le canard est cuit lorsqu'en le piquant, il ne sort plus de sang.
Réserver le canard au chaud.
Saupoudrer la sauce de farine en la délayant au fouet, ajouter le miel, le sel et le poivre.
Cuire en tournant jusqu'à l'obtention d'une belle couleur caramel.
Remettre le canard dans la cocotte et laisser reposer à couvert.

Un canard à l'ancienne à servir traditionnellement avec une marmelade de pommes.

Canette rôtie

<u>Pour 4 personnes</u>

1 canette de 1,5 kg environ
2 gousses d'ail
huile de tournesol
sel, poivre

Badigeonner la canette d'huile et de sel.
Saler, poivrer l'intérieur de la canette et ajouter l'ail en chemise.
Mettre la canette dans une cocotte sur feu doux avec un demi-verre d'eau.
Cuire pendant une heure et demie en tournant la canette de temps en temps et en l'arrosant avec le jus de cuisson.
Ajouter au fur et à mesure de l'eau chaude si nécessaire.
Couper la canette en quatre et la servir.

La saveur de la canette suffit pour faire de ce plat simple un plat agréable.

Chevreau à l'oseille

Pour 4 personnes

1 kg de chevreau (épaule,
côtelettes, gigot)
1 kg d'oseille
1 oignon
25 cl de bouillon de légumes
crème fraîche
huile
sel, poivre

Couper le chevreau en morceaux de 6 à 7 centimètres, les saler et les poivrer.
Dans une cocotte sur feu doux, faire revenir à l'huile l'oignon émincé puis les morceaux de chevreau.
Mouiller avec le bouillon de légumes.
Cuire à couvert pendant 30 minutes.
Recouvrir le chevreau d'oseille crue et continuer la cuisson pendant 10 minutes.
Mélanger l'oseille avec le jus de cuisson et lier avec quelques cuillerées de crème fraîche.
Servir bien chaud.

Servez les morceaux de viande nappés de crème d'oseille. Régalez-vous en sauçant avec du pain de campagne.

Civet de lapin

Pour 6 personnes

1 gros lapin avec son sang
125 g de lardons fumés
1 oignon, 2 gousses d'ail
1 bouquet garni
1 pointe de muscade
3 cuillerées à soupe de farine
75 cl de vin
vinaigre, huile
sel, poivre

Réserver le foie sans son fiel et le sang du lapin avec un filet de vinaigre.
Couper le lapin en morceaux.
Dans une cocotte, faire revenir à l'huile l'oignon émincé et les gousses d'ail écrasées, ajouter et faire revenir les lardons avec les morceaux de lapin.
Verser la farine en pluie, mélanger vivement jusqu'à coloration rousse, verser le vin rouge en déglaçant à la spatule en bois.
Ajouter le bouquet garni, la muscade, le sel et le poivre.
Cuire à couvert sur feu doux pendant une heure et demie.
Piler le foie et le mélanger avec le sang réservé.
Réserver les morceaux de lapin au chaud.
Lier le sang et le foie pilé avec la sauce de la cocotte sur feu doux sans arrêter de tourner.
Au premier bouillon, baisser le feu et continuer la cuisson sans bouillir pendant 5 minutes.

Servir le lapin bien chaud avec la sauce passée au chinois.

Un plat qui a du caractère! Si vous n'avez pas de sang, vous pouvez le remplacer par une bouteille de vin rouge et 10 g de chocolat amer. Le chocolat noir supplée ou remplace le sang de l'animal. Il a les mêmes facultés de coloration, d'épaississant liant la sauce et d'apport de juste amertume.

Civet de lièvre

Pour 6 personnes

1 lièvre
100 g de lardons
1 gousse d'ail
2 cuillerées à soupe de farine
vinaigre, huile, sel, poivre
marinade
1 bonne bouteille de vin rouge
1 cuillerée à café de thym séché
1 feuille de laurier, 1 bouquet garni
2 carottes, 1 gousse d'ail, 2 oignons
1 verre à liqueur d'eau-de-vie

Préparation de la marinade la veille

Réserver le foie sans son fiel et le sang du lièvre avec un peu de vinaigre.
Mettre le lièvre en morceaux dans un plat à marinade avec le vin, le thym, le laurier, les carottes en rondelles, l'ail en petits morceaux, les oignons en rondelles, le bouquet garni et l'eau-de-vie. Retourner de temps en temps en arrosant avec le jus de marinade.

Le jour même

Égoutter les morceaux de lièvre, filtrer la marinade et la réserver.
Dans une cocotte sur feu doux, faire revenir à l'huile les lardons puis le lièvre égoutté jusqu'à belle coloration.
Saupoudrer de farine, laisser brunir en tournant à la cuillère en bois.
Verser la marinade à hauteur de la viande et bien mélanger.
Saler, poivrer, continuer la cuisson sur feu doux à couvert pendant une heure et demie.
Hacher le foie et écraser l'ail, les piler, ajouter le sang et un filet de vinaigre. Verser cette sauce en fin de cuisson dans la cocotte.

Réservez le civet pour des lièvres plutôt vieux. Plus le lièvre est âgé, plus il doit mariner et plus il doit cuire.

Confit de canard

1 canard gras gavé
1 feuille de laurier
1 branche de thym
gros sel, poivre

La veille

Découper le canard en quartiers en réservant sa graisse.
Frotter les quartiers de sel et les poivrer, les saupoudrer de laurier et de thym émietté.

Le jour même

Retirer le sel et les brisures aromatiques des quartiers de canard.
Dans une marmite, faire fondre la graisse réservée avec un verre d'eau, mettre à cuire les quartiers de canard à feu très doux pendant 3 heures, le confit est cuit lorsqu'il ne sort plus de sang en le piquant.
Mettre les quartiers de canard froids dans un récipient de conservation. Ne prendre que la graisse sans les débris ni jus de cuisson, la chauffer et la verser sur les quartiers.
Les quartiers doivent être entièrement recouverts de graisse.

Une réserve gourmande pour plusieurs mois à l'abri de la lumière et au frais. À mitonner avec des haricots cocos, de l'oseille ou des pommes de terre.

Coq au vin de Marcillac

Pour 5 personnes

1 beau coq fermier
2 oignons
100 g de lardons fumés
1 bouquet garni (laurier, thym, persil)
4 tranches de pain de mie
1 cuillerée à café bombée de farine
75 cl de vin rouge de Marcillac
1 verre à liqueur d'armagnac
1 noix de beurre
graisse d'oie, huile d'olive
sel, poivre

Dans une cocotte sur feu doux, faire revenir à la graisse d'oie les lardons, les oignons émincés puis le coq coupé en morceaux. Faire colorer les morceaux de coq sur tous leurs côtés.
Verser l'armagnac préalablement chauffé, flamber avec les précautions d'usage.
Ajouter le vin rouge, le bouquet garni, saler et poivrer.
Porter à ébullition, laisser cuire encore quelques minutes.
Continuer la cuisson à couvert sur petit feu pendant une heure ou plus en fonction de l'âge du coq.
Dans une poêle, dorer à l'huile d'olive le pain de mie coupé en petits morceaux.
Travailler le beurre avec la farine et l'ajouter en fin de cuisson à la sauce.

Servir bien chaud entouré des croûtons de pain de mie.

Nappez les morceaux de coq avec sa sauce ensoleillée des coteaux de Marcillac.

Cou de canard farci

1 cou de canard avec un peu de peau de poitrine
200 g de chair à saucisse
feuilles de blettes
1 œuf
1 petit bouquet de persil
1 gousse d'ail
50 cl de bouillon
sel, poivre

Retirer délicatement la peau du cou en la retournant.
Remettre la peau du cou à l'endroit.
Blanchir les feuilles de blettes dans de l'eau bouillante salée pendant 5 minutes, les égoutter.
Faire une persillade avec le persil et l'ail hachés.
Mélanger la chair du cou hachée avec la chair à saucisse, ajouter l'œuf, les blettes finement hachées, la persillade, le sel et le poivre.
Farcir la peau du cou sans forcer et coudre les extrémités.
Mettre le cou dans un plat à four avec la moitié du bouillon chaud.

Cuire à four moyen pendant 1 heure en arrosant régulièrement avec le jus de cuisson et le reste de bouillon chaud.

Un mets traditionnel de Noël. Pour la fête, enrichissez la farce de foie gras et d'eau-de-vie.

Coufidou de Millau

Daube de bœuf

Pour 6 personnes

2 kg de bœuf à braiser (collier, poitrine, joue)
1 bouteille de vin rouge (côtes-de-Millau)
200 g de lardons fumés
1 carotte, 1 tomate
2 gousses d'ail
2 oignons, 2 clous de girofle
1 feuille de laurier
2 cuillerées à soupe de farine
huile, sel, poivre

Dans une cocotte, faire revenir à l'huile le bœuf coupé en gros morceaux puis un oignon émincé.
Saupoudrer de farine et continuer de tourner quelques minutes.
Ajouter les gousses d'ail, l'oignon restant piqué de clous de girofle, le laurier, la carotte en rondelles, la tomate pelée, épépinée, concassée et les lardons.
Mouiller avec le vin rouge et si besoin d'un peu d'eau pour arriver à hauteur de la viande, saler et poivrer. Bien mélanger l'ensemble.

Cuire à couvert sur feu très doux pendant 3 heures.

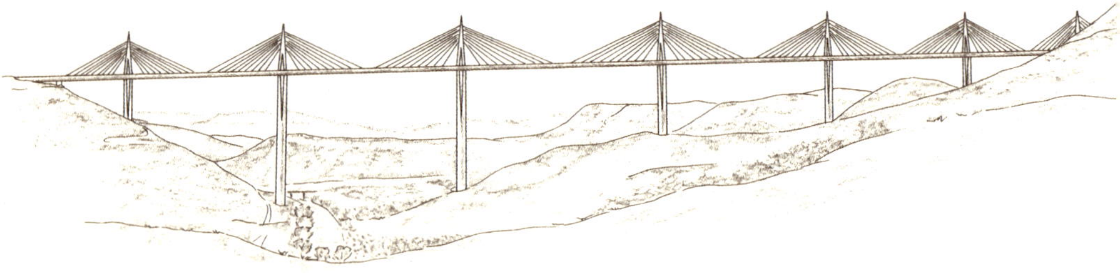

Voilà une cuisine intelligente pour valoriser les bas morceaux de bœuf si bons lorsqu'ils sont mitonnés à la millavoise. Cette daube a des variantes, à Saint-Affrique elle était incontournable à Noël, cuite à l'étouffée dans un toupi pendant des heures et des heures...

Daube de pieds de porc

Pour 4 personnes

2 pieds de porc nettoyés et fendus en 2
400 g de ventrèche
200 g de couennes
2 carottes
1 oignon, 1 échalote
1 bouquet garni
50 cl de vin rouge
sel, poivre

Blanchir les pieds de porc et les couennes dans de l'eau bouillante salée pendant 10 minutes.
Dans une cocotte sur feu doux, faire fondre la ventrèche coupée en morceaux, ajouter et faire revenir l'échalote et l'oignon émincés quelques minutes.
Ajouter les carottes en rondelles, le bouquet garni, les pieds blanchis, et la couenne coupée en lanières, saler modérément et poivrer.
Mouiller avec le vin rouge juste à hauteur des pieds.
Cuire à couvert sur feu très doux pendant 3 heures.
Ajouter du vin de temps en temps si nécessaire.

C'est long mais c'est bon !

Daube de sanglier

Pour 6 personnes

1 kg d'épaule ou de collier de sanglier
3 carottes
1 oignon, 1 échalote
1 feuille de laurier
1 branche de thym
1 bouquet garni
10 baies de genièvre
1 bouteille de vin rouge
1 verre à liqueur de cognac
1 cuillerée à soupe de farine
huile
sel, poivre

Préparation de la marinade la veille

Dans un plat à marinade, répartir le sanglier coupé en morceaux d'environ 3 centimètres en insérant des rondelles de carotte, d'oignons et d'échalotes.
Parsemer les baies de genièvre, le thym et le laurier émiettés.
Saler, poivrer, mouiller avec le vin rouge et le cognac.
Retourner de temps en temps en arrosant avec le jus de marinade.

Le jour même

Retirer les morceaux de sanglier, les faire égoutter.
Filtrer la marinade et la réserver.
Dans une cocotte sur feu doux, faire dorer la viande à l'huile, saupoudrer de farine et tourner jusqu'à coloration de la farine.
Verser la marinade réservée, ajouter le bouquet garni, le sel et le poivre.

Cuire à couvert pendant 2 heures 30.

Un classique du sanglier à cuisiner avec des pâtes fraîches ou des pommes vapeur.

Fallette

Poitrine de veau farcie

Pour 6 personnes

1 kg de poitrine de veau désossée
200 g de chair à saucisse
bardes de lard
200 g de lardons fumés
1 œuf
1 gousse d'ail
1 bouquet de persil
1 tranche de pain rassis, lait
sel, poivre

Mettre à tremper le pain dans le lait.
Faire une persillade avec le persil et l'ail hachés.
Dans un saladier, mélanger les lardons hachés, la persillade, la chair à saucisse, l'œuf, le sel et le poivre.
Dédoubler la poitrine sans séparer les 2 pans de viande.
Mettre à plat la poitrine dédoublée et la couvrir de farce.
Rouler la poitrine, la barder et la ficeler.
Mettre à four chaud pendant 1 heure 30.

Que du moelleux ! Si vous avez de la verdure (blettes, salade, épinard...) sous la main, n'hésitez pas à l'intégrer blanchie et hachée dans la farce.

Farçou à la viande

<u>Pour 6 personnes</u>

250 g de chair à saucisse
ou restes de viande hachés
200 g de lard maigre
4 œufs
300 g de feuilles de blettes
1 échalote, 2 gousses d'ail
150 g de farine
graisse d'oie ou huile
sel, poivre

Blanchir les feuilles de blettes à l'eau bouillante salée pendant 3 minutes, les égoutter.
Hacher finement les feuilles de blettes, le lard, l'échalote et les gousses d'ail.
Dans un saladier, mélanger l'ensemble haché, la chair à saucisse, la farine, les œufs, le sel et le poivre, lier avec un peu d'eau en gardant une pâte assez consistante.
Dans une poêle ou une sauteuse, chauffer la graisse d'oie puis étaler la pâte et la cuire pendant 20 minutes.
Retourner le farçou et continuer la cuisson pendant 20 minutes.

En Aveyron on aime les farçous qu'ils soient maigres ou gras, chauds ou froids, ils sentent la nature. On y incorpore toujours des herbes de saison cultivées dans le potager ou des herbes sauvages des champs...

Foie d'agneau au genièvre

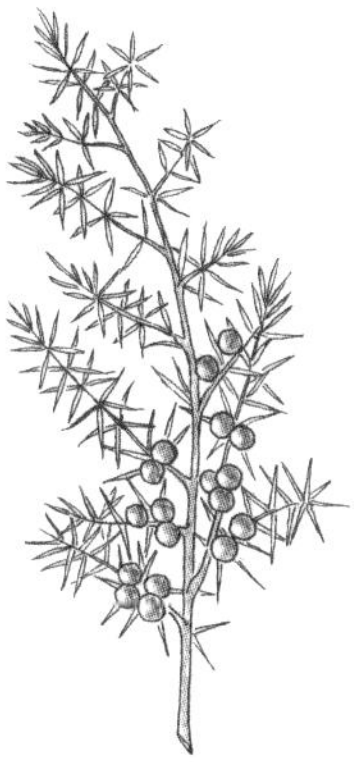

Pour 6 personnes

1 foie d'agneau
2 cuillerées à soupe de baies de genièvre écrasées
1 branchette de thym
10 cl de crème fraîche
1 cuillerée à soupe de vinaigre
huile
sel, poivre

Couper le foie en tranches fines, les saler et les poivrer. Dans une poêle sur feu doux, faire revenir à l'huile les tranches de foie de chaque côté, les réserver au chaud.
Déglacer la poêle sur feu vif avec le vinaigre en ramassant bien les sucs avec une cuillère en bois, ajouter la crème, les baies de genièvre, le thym émietté, bien mélanger.
Verser la sauce sur les tranches de foie.

Agneau, thym, genièvre, respirez l'air des Grands Causses !

Fricandeau aux herbes

Pour 5 à 6 personnes

300 g de foie de porc
300 g de poitrine fraîche de porc
1 crépine de porc
300 g de vert de blettes
1 branche de céleri
1 oignon
1 verre de vin blanc
huile d'olive
sel, poivre

Faire tremper la crépine dans de l'eau à température ambiante.
Blanchir les verts de blettes à l'eau bouillante salée pendant 5 minutes.
Rafraîchir les verts de blettes dans une passoire et bien les égoutter en les pressant.
Hacher menu les verts de blettes, le céleri, l'oignon, le foie, la poitrine de porc, saler et poivrer.
Sortir la crépine de l'eau, l'essuyer et la découper en 5 ou 6 carrés.
Préparer des boules de hachis et les envelopper dans les carrés de crépine, les ranger bien serrés dans un plat à four huilé.
Mouiller avec le vin blanc et autant d'eau puis arroser d'un filet d'huile d'olive.

Mettre à four chaud pendant une heure en arrosant de temps en temps.

Le fricandeau aux herbes fait partie de la famille des farçous aveyronnais.

Fricandeau de veau

Pour 6 personnes

1 noix de veau de 800 g
150 g de lardons fumés
1 carotte
1 oignon
1 bouquet garni
50 cl de bouillon de légumes
1 cuillerée à soupe de cognac
1 noix de beurre
sel, poivre

Dans une cocotte sur feu doux, faire revenir au beurre les lardons et la noix de veau. Lorsque le veau est bien doré de partout, ajouter la carotte et l'oignon en rondelles, le bouquet garni, le sel et le poivre.
Mouiller avec du bouillon et le cognac.
Cuire à couvert sur feu très doux pendant 1 heure 30 en arrosant de temps en temps avec du jus de cuisson et du bouillon.
Dégraisser le jus de cuisson et le passer au chinois.

Accompagner le fricandeau de champignons persillés ou de purée d'oseille...

Gigot de 7 heures

gigot à la cuillère

Pour 8 personnes

1 gigot d'agneau de 2 kg
3 carottes
2 tomates
2 oignons
1 bouquet garni
30 cl de bouillon de légumes
50 cl de vin blanc
huile d'olive
sel, poivre

Saler et poivrer le gigot.
Dans une cocotte sur feu doux, faire revenir à l'huile le gigot sur tous les côtés.
Entourer le gigot avec les carottes, les oignons coupés en quartiers et les tomates pelées et épépinées coupées en quartiers.
Mettre le bouquet garni, le sel et le poivre.
Mouiller avec le bouillon et le vin.

Cuire à four doux pendant 7 heures en ajoutant de l'eau si nécessaire.

Le bien nommé gigot à la cuillère : il est si fondant qu'on peut le couper à la cuillère. La cuisson est très longue mais le résultat gourmand est là !

Gigot de mouton pourri d'ails

Pour 5 personnes

1 gigot de mouton de 1,5 kg
50 gousses d'ail
1 oignon
50 cl de vin blanc
huile
sel, poivre

Saler et poivrer le gigot.
Dans une cocotte sur feu doux, faire revenir à l'huile le gigot sur tous les côtés, le réserver.
Dégraisser, remettre de l'huile et faire revenir l'oignon émincé.
Remettre le gigot, l'entourer avec les gousses d'ail en chemise, mouiller avec le vin.
Cuire à couvert sur feu très doux pendant 2 heure 30 en surveillant le jus de cuisson.

Un fumet digne de Gargantua !
Le gigot est servi avec l'ail, les connaisseurs peuvent aspirer l'ail en chemise ou le tartiner sur du pain de campagne.

Grives sur canapé au genièvre

Par personne

1 grive
1 fine tranche de lard frais
1 tranche de pain rassis
1 cube de lard
1 échalote
5 baies de genièvre
1 noisette de beurre
sel, poivre

Plumer la grive, la flamber et couper les pattes.
Vider la grive en réservant le cœur, le foie et le gésier.
Saler et poivrer intérieur et extérieur.
Hacher finement le cube de lard, le cœur, le foie, le gésier, l'échalote et les baies de genièvre.
Tartiner le hachis sur le pain beurré, disposer dessus la grive bardée de lard.
Mettre à four chaud pendant 15 minutes.
Servir chaud dans le plat de cuisson.

Un mets qui se fait rare, nos anciens dégustaient la grive rôtie sans être vidée! La grive est déjà imprégnée de la saveur sauvage du genièvre, elle picore naturellement les baies.

Jambonneaux

7 jarrets de cochon
3 kg d'épaule de cochon
noix de muscade
20 g de sel et 1 g de poivre par kilo

Couper les viandes en petits cubes d'un centimètre environ de côté.
Compter un demi-verre d'eau par kilo de viande.
Dans un grand saladier, mélanger les viandes, quelques râpées de noix de muscade, le sel et l'eau.
Mettre en bocaux.
Stériliser les bocaux pendant 3 heures.

Jambonneau farci

1 jarret de cochon
200 g de chair à saucisse
muscade, sel, poivre

Désosser le jarret de cochon.
Assaisonner le jarret et la chair à saucisse.
Disposer le jarret en rond contre les parois d'un bocal pour laisser un vide au centre.
Remplir le centre avec la chair à saucisse.
Stériliser le bocal pendant 3 heures.

La réserve gourmande de mamie.

Lapin en cabessal

Pour 8 personnes

1 lapin de 2 kg
50 cl de bouillon de légumes
1 oignon
1 bouquet garni
1 verre de vin blanc
huile d'olive
sel, poivre
Farce
400 g de chair à saucisse
foie du lapin
2 œufs
1 gousse d'ail, 1 échalote
1 bouquet de persil
sel, poivre

Préparer la farce : dans un saladier, mélanger la chair à saucisse, les œufs, le foie de lapin haché, le persil, l'ail et l'échalote hachés, le sel et le poivre.

Garnir l'intérieur du lapin et le coudre.

Faire deux entailles dans les côtes de devant pour caler les pattes.

Dans une grande cocotte, faire revenir l'oignon émincé à l'huile d'olive puis disposer le lapin et le bouquet garni.

Mouiller avec le bouillon de légumes et le vin blanc, saler et poivrer.

Cuire à couvert pendant 3 heures.

Servir le lapin lové dans la cocotte.
Un plat typiquement rouergat mitonné pour gourmets.

Lapin à la moutarde

Pour 6 personnes

1 lapin d'environ 1,5 kg
1 demi-verre de moutarde
2 oignons
10 cl de crème fraîche
1 verre de vin blanc
huile ou graisse d'oie
sel, poivre

Couper le lapin en morceaux, les tartiner généreusement de moutarde.
Dans une cocotte faire revenir à l'huile les morceaux de lapin, ils doivent être bien dorés sans que la moutarde brûle.
Réserver le lapin au chaud.
Faire revenir les oignons émincés et remettre les morceaux de lapin.
Arroser avec le vin blanc et un verre d'eau chaude, saler et poivrer.
Cuire à couvert sur feu doux pendant une heure.

Lier la sauce avec la crème et une cuillerée à café de moutarde.

Vous pouvez « moutarder » le lapin la veille, il sera mieux imprégné de condiment et plus moelleux.

Lièvre en saupiquet

Pour 6 personnes

1 lièvre
huile
sel, poivre
saupiquet
1 talon de jambon de pays
foie du lièvre
1 gousse d'ail, 3 oignons
5 à 10 baies de genièvre
1 bouquet garni
1 verre de sang du lièvre
1 verre de vinaigre vieux
1 verre de vin rouge
graisse de canard
sel, poivre

Saupiquet

Réserver le foie débarrassé de son fiel et un verre de sang coupé d'un filet de vinaigre.
Dans une casserole, faire revenir à la graisse les oignons émincés.
Ajouter le jambon et l'ail hachés finement, le bouquet garni, les baies de genièvre, le sel et le poivre.
Mouiller avec le vinaigre et le vin.
Laisser mijoter à couvert pendant une bonne heure en ajoutant du vin rouge si nécessaire.
Disposer le foie dans la sauce et continuer la cuisson pendant 10 minutes.
Retirer le bouquet garni, mixer l'ensemble.

Ajouter le sang vinaigré réservé et mettre le saupiquet au bain-marie.

Saler et poivrer le lièvre, le placer dans un plat à four huilé, l'arroser d'un filet d'huile.
Mettre le lièvre à four chaud, il doit rester saignant, compter 20 minutes pour un jeune lièvre à 35 minutes pour un lièvre plus consistant.

Rodez, la ville où l'on revient toujours

Le lièvre est à honorer entre amis ou en famille avec le saupiquet, sauce conçue pour son excellence le lièvre.
Fierté du chasseur, ce gibier s'enfourne au dernier moment, il se mange chaud et saignant.

Lièvre à la broche au flambadou

Pour 6 personnes

1 lièvre
lard frais
huile d'olive
sel, poivre

Verser un petit verre d'eau dans le lèchefrite.
Enduire le lièvre d'huile d'olive.
Faire tourner le lièvre sur le tournebroche et arroser souvent avec le jus du lèchefrite.
Chauffer le flambadou dans la braise, mettre le lard, celui-ci coule en s'enflammant, arroser le lièvre avec le lard enflammé.
Continuer la cuisson tournante pendant 35 à 45 minutes, le lièvre doit être saignant.
Recommencer à flamber au flambadou puis saler et poivrer le lièvre.

Découper le lièvre et servir avec le saupiquet (page 134).

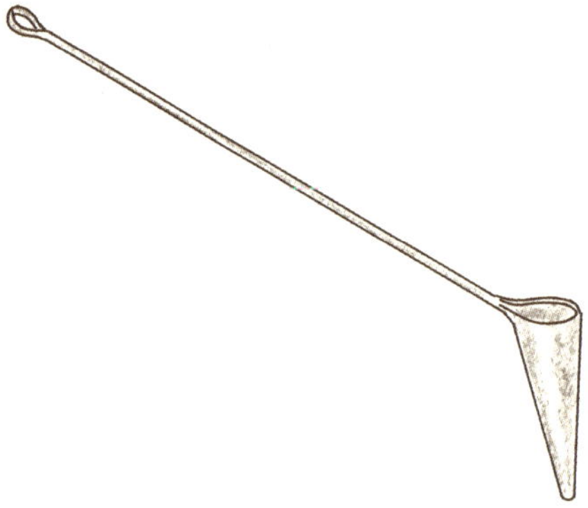

Un lièvre croustillant dehors, saignant dedans, c'est comme ça qu'on l'aime en Aveyron.
Flambadou au sud, capucin au nord, c'est le même ustensile à long manche terminé par un cône (capuche de capucin) troué.

Melsat

4 œufs
300g de petit salé plutôt gras
100g de mie de pain
1 boyau à boudin
1 branchette de thym
sel, poivre

Humidifier le pain et le mettre à tremper dans les œufs battus pendant 30 minutes.
Écraser le pain aux œufs à la fourchette, ajouter et mélanger le petit salé coupé en petits dés, le thym émietté.
Saler et poivrer généreusement.
Farcir le boyau sans tasser la farce, le découper et ficeler chaque découpe en saucisse.
Laisser sécher les saucisses pendues quelques jours.

Les cuire dans le potage ou dans une soupe pas trop épaisse.

Il y a bien longtemps que le melsat se cuisine dans la vallée du Tarn. Il réconforte les soirs d'hiver.

Mourtayrol

Poule au pot au safran

Pour 8 personnes

1 poule
1 crosse de jambon
1 kg de bœuf dans le gîte
1 cœur de chou
8 carottes
8 pommes de terre
2 poireaux, 2 navets
2 gousses d'ail
2 oignons, 2 clous de girofle
2 dosettes de safran ou 4 à 5 filaments
1 bouquet garni
1 pain de campagne
sel, poivre

Dans une grande marmite, porter à ébullition 4 litres d'eau avec les oignons piqués de clous de girofle, les gousses d'ail, les blancs de poireau émincés, le bouquet garni, le sel et le poivre.
À ébullition mettre le bœuf, la poule et le jambon, cuire à couvert sur feu doux pendant une demi-heure.
Écumer, ajouter le chou, les carottes, les navets, les verts de poireau et continuer la cuisson à couvert pendant 2 heures.
Ajouter les pommes de terre et continuer la cuisson à couvert pendant 20 minutes.
Passer le bouillon, ajouter le safran et le verser dans une soupière largement garnie de pain de campagne.

Réserver la poule et les légumes dans un plat au chaud.

Un « trésor gastronomique » de Villefranche-de-Rouergue d'après Curnonsky. Tradition oblige, n'oubliez pas de faire chabrot avec le bouillon.

Pâté de foie de porc

350 g de foie de porc
250 g de poitrine de porc
200 g de lard
1 crépine
2 œufs
1 échalote, 1 oignon
quatre-épices, 1 feuille de laurier
1 cuillerée à soupe de cognac
farine, sel, poivre

Faire tremper la crépine dans de l'eau à température ambiante.
Dans une cocotte, faire fondre le lard coupé en morceaux, faire revenir l'oignon et l'échalote hachés puis le foie et la poitrine coupés en carrés de 1 à 2 centimètres de côté.
Mouiller avec le cognac, ajouter le sel, le poivre et le quatre-épices. Ajouter les œufs battus et bien mélanger avec une cuillère en bois.
Sortir la crépine de l'eau et l'essuyer.
Garnir une terrine avec la crépine en la laissant dépasser des bords. Verser la préparation du pâté sur la crépine.
Remonter les bords de la crépine pour couvrir le pâté et poser le laurier au-dessus de la crépine.
Façonner un petit boudin assez long pour faire le tour du couvercle avec de la farine et de l'eau. Fermer hermétiquement la terrine en mastiquant le couvercle avec le boudin.

Cuire à four moyen au bain-marie pendant 1 heure et demie à 2 heures. Desceller le couvercle et superposer un objet avec un poids sur le pâté pour l'aplatir.

Agrémentez le hachis de champignons secs, ils diffuseront leur parfum tout en absorbant l'humidité du hachis.
Vous pouvez remplacer la crépine par des bardes de lard.

Pâté de foie de porc au foie gras

Même recette que le pâté de foie de porc en ajoutant 150 grammes de foie gras de canard en petits dés (sortir le foie gras au dernier moment du réfrigérateur pour avoir des dés fermes). Peu de foie gras pour beaucoup de saveur.

Ensemble château Renaissance
et Pont Vieux d'Espalion

Pâté de foie et foie gras font partie des spécialités gourmandes d'Espalion.

Pastissous rouergats

1 pâte feuilletée
125 g de chair à saucisse
1 œuf + 1 jaune d'œuf pour la dorure
1 gousse d'ail
1 petit bouquet de persil
sel, poivre

Mélanger la chair à saucisse, l'ail coupé finement, le persil haché, l'œuf, le sel et le poivre.
Détailler des ronds de 10 centimètres de diamètre dans la pâte feuilletée.
Garnir la moitié du rond avec la farce.
Mouiller à l'eau le bord de la partie sans farce, la rabattre sur l'autre moitié, la souder en appuyant et en relevant les bords.
Dorer le dessus au jaune d'œuf à l'aide d'un pinceau.

Mettre les pastissous à four chaud pendant 30 minutes.

Les petits pâtés à la mode rouergate, c'est le succès assuré.

Perdreaux au chou

Pour 4 personnes

4 jeunes perdreaux
1 beau chou vert frisé
100 g de lardons fumés
4 bardes de lard fines
1 carotte
1 gousse d'ail, 1 oignon
12 baies de genièvre
20 cl de bouillon de légumes
huile d'olive
sel, poivre

Retirer les grosses feuilles et le trognon du chou, le couper en quatre, le blanchir à l'eau bouillante salée pendant 5 minutes, l'égoutter et le réserver.
Barder les perdreaux et faire chauffer le bouillon de légumes.
Dans une cocotte, faire revenir à l'huile les perdreaux sur toutes leurs faces et les réserver.
Dans la cocotte dégraissée et huilée, faire revenir l'oignon émincé, ajouter les lardons, la carotte en rondelles, les baies de genièvre, le chou égoutté, le sel et le poivre.
Disposer les perdreaux sur le chou, mouiller avec le bouillon chaud.
Couvrir la cocotte et mettre à four moyen pendant 40 minutes ou plus en fonction de l'âge des perdreaux.

Servir les perdreaux sur un lit de chou et le jus de cuisson.

Une harmonie de parfums du terroir aveyronnais.

Pintade aux petits pois

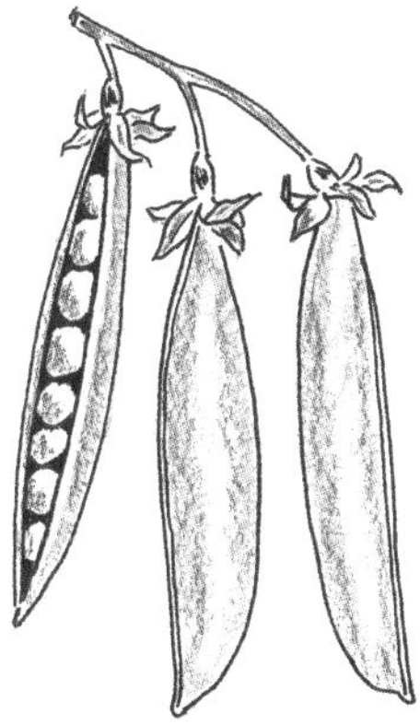

Pour 4 personnes

1 pintade
1 kg de petits pois
100 g de lardons fumés
1 oignon
graisse d'oie
sel, poivre

Enduire la pintade de graisse d'oie mélangée à du sel. Dans un plat à four, disposer la pintade et la cuire à four moyen pendant 45 minutes. L'arroser abondamment et régulièrement avec son jus de cuisson allongé d'eau si nécessaire.
Dans une poêle sur feu vif, faire revenir à la graisse d'oie l'oignon émincé et les lardons, puis ajouter les petits pois écossés.
Cuire à couvert sur feu doux pendant 10 minutes.
Mouiller la pintade avec un verre d'eau afin d'obtenir suffisamment de sauce avec le jus de cuisson, saler et poivrer la sauce, ajouter les petits pois.

Continuer la cuisson pendant 15 minutes.

Présentez le plat sur table afin que vos convives profitent du fumet. La pintade est citée par Curnonsky dans « le trésor gastronomique » d'Espalion.

Pot-au-feu

Pour 4 personnes

800 g de bœuf ou de veau
(jarret, poitrine, queue...)
1 os à moelle
2 navets, 4 carottes
1 fenouil ou 1 branche de céleri
4 pommes de terre
2 oignons piqués de 2 clous de girofle
1 bouquet garni
sel, poivre

Dans une grande marmite sur feu doux, mettre un litre et demi d'eau salée, ajouter l'os à moelle.
Porter à ébullition et écumer. Ajouter le bouquet garni et la viande, cuire à couvert de 40 minutes (veau) à 1 heure 40 (bœuf).
Écumer et ajouter les oignons piqués de clous de girofle, le fenouil, les carottes, les navets, les pommes de terre, le sel et le poivre.
Cuire doucement à couvert pendant une heure.

Passer le bouillon au chinois et le réserver au frais (voir potage ci-dessous).

Servir la viande chaude avec des cornichons et les légumes encore chauds avec une vinaigrette.

Potage de pot-au-feu

bouillon du pot-au-feu (voir ci-dessus)
3 à 4 poignées de vermicelle ou coquillettes

Retirer la couche de graisse solidifiée au dessus du bouillon.
Réchauffer le bouillon pendant environ 10 minutes, verser le vermicelle et continuer la cuisson pendant 7 minutes environ.

Poule au pot et sa coque de farci

Pour 8 personnes

1 poule
2 l de bouillon de légumes
1 oignon piqué de 2 clous de girofle
1 bouquet garni
coque de farci (lo coco de fars)
150 g de chair à saucisse
foie de la poule
foie de veau
3 œufs
100 g de pain
ail, persil
sel, poivre

Préparer la coque de farci

Dans un saladier, mélanger le pain finement émietté, les œufs battus à la fourchette, le persil haché, l'ail finement coupé, puis la chair à saucisse, le foie de la poule et la tranche de foie de veau mixés.
Saler, poivrer et bien malaxer l'ensemble jusqu'à l'obtention d'une pâte souple.

Farcir la poule avec la coque et la coudre.
Porter le bouillon à ébullition avec l'oignon et le bouquet garni.
Mettre la poule dans le bouillon : elle doit être complètement immergée.
Cuire sur feu doux à couvert pendant 2 heures à 2 heures et demie, vérifier la cuisson avec la pointe d'un couteau.
Découper la poule et la servir avec la coque de farci.

La coque de farci se présente en tranches chaudes avec du tomata assaisonné ou en tranches froides avec une mayonnaise.
Vous pouvez remplacer le foie de veau par du jambon.

Poulet sauté aux oignons

ou poulet rouergat

1 poulet
5 oignons
2 tomates (facultatif)
huile d'olive
sel, poivre

Découper le poulet en morceaux.
Dans une cocotte sur feu vif, faire revenir à l'huile les morceaux de poulet et les faire dorer.
Réserver le poulet au chaud.
Dans la cocotte sur feu doux, faire rissoler les oignons bien émincés, les remuer délicatement jusqu'à l'obtention d'une coloration légèrement dorée, ils doivent fondre sans brûler ni se transformer en purée.
Remettre les morceaux de poulet, saler et poivrer, laisser mijoter à couvert sur feu doux pendant 20 minutes.
Ajouter les tomates pelées, épépinées, coupées en morceaux dans la cocotte.
Continuer la cuisson pendant 10 minutes et servir.

Ce plat très populaire en Aveyron doit être servi rapidement pour profiter des arômes combinés d'oignons et de poulet.
Surprenant, même les réfractaires à l'oignon l'aiment. Ne lésinez pas sur les oignons, il n'y en aura jamais assez !
Le Sud-Aveyron a enrichi le poulet sauté avec ses tomates du potager.
Vite préparé, c'est aussi le plat idéal pour les invités surprises et comme en Aveyron on aime bien recevoir...

Pounti

Pour 6 personnes

300 g de jambon cuit
300 g de feuilles de blettes
100 g de pruneaux
100 g de lardons fumés
1 gousse d'ail, 1 oignon
1 bouquet de persil, ciboulette
vin rouge, farine, une tranche de pain, lait

pâte

5 œufs
50 cl de crème fraîche
2 cuillerées à soupe de farine
1 sachet de levure en poudre
sel, poivre

Blanchir les feuilles de blettes à l'eau bouillante salée pendant 3 minutes, les égoutter.
Mettre à tremper les pruneaux dénoyautés dans du vin rouge.
Tremper le pain dans du lait.
Dans une poêle sur feu doux, faire revenir les lardons, l'oignon émincé et le jambon coupé en petits dés.
Dans un saladier, mélanger les œufs battus à la fourchette, la crème, la farine, la levure en poudre, le sel et le poivre.
Incorporer le pain égoutté, les blettes et la ciboulette hachées, l'ail coupé finement, le persil haché et le hachis au jambon.
Garnir un plat à four huilé avec les pruneaux dénoyautés et enfarinés puis verser le contenu du saladier dans le plat.

Cuire à four chaud pendant une heure en vérifiant la cuisson avec la pointe d'un couteau.

Le pounti est un farçou du Nord-Aveyron.
Les feuilles de blettes peuvent être remplacées ou complétées par des épinards, cardes, salades...

Ris d'agneau à l'oseille

<u>Pour 4 personnes</u>

800g de ris d'agneau
200g de jeunes feuilles d'oseille
1 citron
20cl de crème fraîche
10cl de vin blanc
1 noix de beurre
sel, poivre

Faire dégorger les ris d'agneau dans de l'eau froide courante pendant une heure.
Dans une casserole d'eau froide sur feu vif, verser le jus de citron et les ris, ils doivent être immergés, porter à ébullition et continuer la cuisson sur feu doux pendant 4 minutes.
Rafraîchir les ris, les essuyer dans un torchon, retirer les peaux, le cartilage et la graisse.
Escaloper les ris en tranches d'un centimètre d'épaisseur.
Dans une poêle sur feu doux, mettre à chauffer le beurre et faire revenir les tranches de ris d'agneau sur les deux faces, les saler, les poivrer et les réserver au chaud.
Dégraisser la poêle et la déglacer avec le vin, laisser cuire jusqu'à réduction de moitié de la sauce.
Ajouter la crème, le sel et le poivre, continuer la réduction d'un tiers en tournant à la cuillère en bois.
Incorporer les feuilles d'oseille coupées en lamelles et continuer la cuisson sur feu doux pendant 5 minutes.
Servir les ris d'agneau nappés de sauce à l'oseille.

La délicate finesse du ris d'agneau en a fait le roi des abats.

Rissoles grasses

100 g de viande de porc
100 g de chair à saucisse
100 g de lard frais
1 œuf
1 gousse d'ail
1 bouquet de persil
sel, poivre
pâte brisée
500 g de farine
3 œufs + 1 jaune d'œuf pour la dorure
1 sachet de levure en poudre
250 g de beurre ramolli

Dans un saladier, mélanger la farine, la levure, ajouter les œufs et le beurre en petits dés, lier au fur et à mesure avec un peu d'eau.
Laisser reposer la pâte 30 minutes au frais.
Mélanger le porc et le lard hachés avec la chair à saucisse, l'ail finement coupé, le persil haché, l'œuf, le sel et le poivre.
Abaisser la pâte et détailler des ronds de 20 centimètres de diamètre dans la pâte.
Garnir la moitié du rond avec la farce.
Mouiller à l'eau le bord de la partie sans farce, la rabattre sur l'autre moitié et la souder en remontant les bords.
Badigeonner les rissoles au jaune d'œuf à l'aide d'un pinceau.

Mettre les rissoles à four chaud pendant 30 minutes.

Une entrée gourmande à équilibrer avec de la salade verte. Autrefois symbole de la fête du lundi gras à Rieupeyroux.

Salmis de pigeons

Pour 4 personnes

4 pigeons
4 belles tranches de pain de campagne
50 cl de bouillon de volaille
50 cl de vin rouge
3 cuillerées à soupe de farine
beurre, huile d'olive
sel, poivre

Dans une cocotte sur feu vif, faire revenir à l'huile les pigeons sur toutes leurs faces.
Dans une casserole, porter le bouillon de volaille à ébullition.
Quand les pigeons sont bien dorés, ajouter le vin, le bouillon de volaille, le sel et le poivre.
Cuire à couvert sur feu très doux pendant 40 minutes.
Pendant ce temps, préparer un beurre manié en mélangeant à la main 2 cuillerées à soupe de beurre avec la farine.
Retirer les pigeons et lier la sauce avec le beurre manié.
Remettre les pigeons et continuer la cuisson à couvert pendant 15 minutes.
Passer le pain de campagne au grill.

Servir les pigeons sur leur canapé de pain grillé et la sauce à part.

Le pigeon est également appelé le « mets du roi » pour sa chair tendre et goûteuse.

Sanquette

sang frais de volaille, veau, cochon...
pain rassis
100 g de lardons
ail
1 bouquet de persil
vinaigre
graisse d'oie
sel, poivre

Suivant la quantité de sang, choisir un plat creux ou une assiette creuse.
Garnir le plat ou l'assiette avec la mie de pain émiettée, les lardons, le persil et l'ail hachés, le sel et le poivre.
Mouiller avec le sang frais sur une épaisseur de 2 centimètres.
Laisser coaguler pour faire une galette.
Dans une poêle sur feu vif, faire fondre la graisse d'oie.
Glisser le sang coagulé du plat dans la poêle.
Lorsque la galette est très colorée, la retourner à l'aide d'un couvercle et continuer la cuisson en la vérifiant avec la pointe d'un couteau.

Arroser avec un filet de vinaigre et servir chaud.

Pour se refaire une santé de fer !
Avec des petits cornichons au vinaigre, de la salade...

Tourte de mamie

<u>Pour 6 personnes</u>

1 pâte brisée, 1 pâte feuilletée
250 g de viande d'agneau hachée
150 g de viande de bœuf hachée
3 tomates
2 œufs
1 cuillerée à soupe de moutarde
1 gousse d'ail
1 petit bouquet de persil
pincées de thym
100 g de fromage râpé
une cuillerée à soupe de tapioca
huile, sel, poivre

Garnir un moule à tarte avec la pâte brisée.
Saupoudrer la pâte de tapioca puis répartir le fromage râpé.
Dans un saladier, mélanger la viande hachée, la moutarde, l'ail et le persil hachés, les œufs en réservant un jaune d'œuf pour la dorure, le sel et le poivre.
Verser le hachis dans le moule à tarte.
Recouvrir le hachis avec les rondelles de tomates pelées et épépinées, saupoudrer de thym, de sel et de poivre.
Arroser d'un filet d'huile.
Disposer la pâte feuilletée sur le moule, replier vers le haut les bords de la pâte brisée, souder les 2 pâtes en les pinçant.
Dessiner des croisillons sur la pâte feuilletée et faire un trou au centre.
À l'aide d'un pinceau, badigeonner le jaune d'œuf réservé.

Mettre à four chaud pendant 45 minutes à 1 heure en surveillant la coloration.

Cette tourte aux saveurs des causses est à faire, elle a toujours les faveurs de la tablée.

Tripade

Pour 4 personnes

1 saucisse fraîche de 500 g
800 g de pommes de terre
500 g de jeunes feuilles d'oseille
2 œufs
une noix de beurre
huile, graisse d'oie
sel, poivre

Dans une casserole d'eau bouillante salée, plonger les œufs pendant 8 à 9 minutes puis les passer dans l'eau froide, les écaler.
Couper les pommes de terre en forme de frites.
Piquer la saucisse et la faire griller à l'huile dans une grande poêle sur feu vif pendant 7 à 8 minutes de chaque côté.
Réserver la saucisse au chaud.
Dégraisser la poêle, chauffer la graisse d'oie et faire revenir les pommes de terre.
Saler, poivrer et cuire 15 à 20 minutes en tournant les pommes de terre à la cuillère en bois toutes les 5 minutes.
Dans une casserole, faire fondre le beurre, ajouter l'oseille, le sel et le poivre, cuire sur feu doux pendant 5 minutes.
Émietter les jaunes d'œufs sur l'oseille puis parsemer les blancs d'œufs coupés en petits morceaux.

Dans un plat disposer l'oseille, couvrir avec les pommes de terre puis disposer la saucisse coupée en quatre.

Des produits simples pour un plat rustique qui a fait bien des heureux ! Vous pouvez remplacer la saucisse par des abattis cuits, du cou farci...
Tripe pour oseille à ne pas confondre avec les tripes animales (estomac).

Tripes au safran

Pour 6 personnes

2 kg de tripes blanchies
2 pieds de porc
2 carottes
1 tomate
1 tête d'ail
3 oignons
50 cl de vin blanc
1 g de safran
sel, poivre

Couper les tripes en carrés de 5 à 6 centimètres de côté.
Couper les pieds de porc en 4.
Dans une cocotte sur feu doux, mettre les tripes, les oignons, les carottes en rondelle, l'ail en chemise, les pieds de porc, le vin blanc, le sel et le poivre.
Mouiller à hauteur avec de l'eau froide.
Cuire à couvert pendant 5 heures en surveillant le niveau de liquide.

Ajouter le safran, la tomate pelée, épépinée, concassée et continuer la cuisson pendant 1 heure.

Les tripoux en plus simple, avec du safran aveyronnais bien sûr.

Tripoux

2 panses de mouton
5 kg de fraise de veau
Farce
500 g de lard gras salé
20 gousses d'ail, 4 oignons
1 gros bouquet de persil
sel, poivre
bouillon
2 pieds de mouton fendus en 2
200 g de ventrèche
1 bouquet garni
1 oignon piqué de 2 clous de girofle
1 verre de vin blanc, sel, poivre

Préparation du bouillon

Disposer dans une grande marmite les pieds de mouton, la ventrèche, le bouquet garni, l'oignon piqué de clous de girofle, le vin blanc, le sel et le poivre. Mouiller avec 2 litres d'eau.
Cuire à couvert sur feu doux pendant la préparation des tripoux.

Préparation de la farce

Blanchir la fraise de veau pendant 15 minutes et la faire égoutter.
Dans un saladier mélanger le lard coupé en petits dés, le persil et l'ail hachés, les oignons émincés.
Ajouter la fraise de veau hachée, le sel et le poivre.

Découper les panses de mouton en forme d'escalope.
Les garnir de farce, les refermer et les coudre avec du fil culinaire.
Disposer les tripoux dans le bouillon en cours de cuisson.
Cuire à couvert pendant 7 à 8 heures.

Les tripoux se savourent dans tout l'Aveyron, appelés « petites » à Espalion ou « trenels » à Millau.
Certains déjeunent encore aux tripoux, les vrais, confectionnés avec de la panse de mouton et des herbes.

Veau d'Aveyron & du Ségala aux champignons

Pour 6 personnes

1 kg d'épaule de veau
300 g de champignons (cèpes, mousserons, girolles...)
2 carottes
2 tomates
1 gousse d'ail
1 oignon
1 bouquet garni
1 verre de vin blanc
1 cuillerée à soupe de farine
beurre, huile
sel, poivre

Couper le veau en gros dés d'environ 50 grammes.
Dans une cocotte sur feu doux, faire chauffer l'huile, ajouter le beurre puis faire revenir les dés de veau.
À très belle coloration ajouter l'oignon émincé et saupoudrer de farine, faire roussir l'ensemble.
Mouiller avec le vin blanc, ajouter les tomates pelées, épépinées et concassées.
Ajouter le sel, le poivre, les carottes en rondelles, l'ail coupé finement et le bouquet garni.
Cuire à couvert pendant une heure en ajoutant de l'eau si nécessaire.

Verser les champignons entiers ou émincés suivant leur grosseur, continuer la cuisson pendant 10 minutes.

Le veau d'Aveyron et du Ségala est aussi un régal nature. Il se déguste simplement avec du sel et du poivre, mais toujours et surtout rosé à cœur !

Desserts

Beignets aux fleurs d'acacia

Pour 8 personnes

24 grappes de fleurs d'acacia épanouies
sucre en poudre
huile de friture
pâte à beignets
250 g de farine
2 œufs
1 cuillerée à soupe d'huile d'olive
1 pincée de sel

Préparation de la pâte à beignets

Dans un petit saladier, verser la farine, faire un puits, mettre les jaunes d'œuf, l'huile d'olive, le sel et un verre d'eau.
Mélanger jusqu'à l'obtention d'une pâte homogène et coulante, la laisser reposer 1 heure.
Battre les blancs d'œuf en neige et les incorporer doucement à la pâte.

Tremper chaque grappe dans la pâte puis la plonger dans l'huile très chaude jusqu'à coloration. Sortir les grappes à l'aide d'une écumoire et les égoutter sur du papier absorbant.
Saupoudrer les beignets de sucre et les servir chauds.

Les grappes de fleurs d'acacia pendillantes ne demandent qu'à frire pour votre plaisir. Quelques fines bouches ajoutent une lichette d'eau-de-vie de prune dans la pâte.
L'arbre que nous appelons poétiquement acacia est en réalité un robinier.

Biscotins

500 g de farine
200 g de beurre
200 g de sucre roux en poudre
2 sachets de sucre vanillé
2 œufs

Dans un saladier, mélanger la farine, le sucre, les œufs et le beurre.
Bien mélanger l'ensemble jusqu'à l'obtention d'une pâte homogène sans grumeaux.
Laisser reposer la pâte au frais pendant 15 minutes.
Étendre la pâte sur le plan de travail et l'abaisser à deux centimètres d'épaisseur, la découper en petits carrés de 4 centimètres.

Mettre à four moyen pendant 25 minutes en surveillant.

Ces petits gâteaux sont préparés depuis déjà quelques générations dans le Sud-Aveyron, en particulier à Camarès.
Autrefois, les biscotins se faisaient sans beurre.

Clafoutis de mamie

Pour 6 personnes

500 g de cerises d'Aguessac dénoyautées
150 g de farine
100 g de sucre en poudre
1 sachet de levure en poudre
3 œufs
100 g de beurre
1 verre de lait

Prendre un plat à four assez large, le beurrer et répartir les cerises.
Dans une petite casserole sur feu très doux, faire fondre le beurre.
Dans un saladier, mélanger le beurre fondu et le sucre, ajouter les œufs un par un puis la farine et la levure en poudre.
Incorporer petit à petit le lait jusqu'à l'obtention d'une pâte fluide et homogène.
Verser la pâte sur les cerises.

Mettre à four moyen pendant 45 minutes.

Les cerises d'Aguessac bénéficient du bon terrain et du bon soleil des vignes qu'elles ont remplacées.

Clafoutis aux pommes à la farine de châtaignes

4 pommes
200 g de farine de châtaignes
3 cuillerées à soupe de sucre de canne complet
4 œufs
50 cl de lait
huile

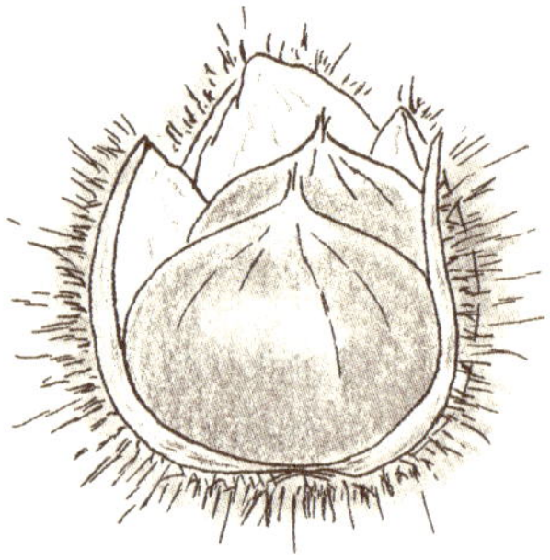

Dans un moule à manqué huilé, disposer les pommes coupées en tranches très fines.
Dans un saladier, battre les œufs et le sucre à la fourchette, incorporer la farine et le lait.
Verser la préparation sur les pommes.

Mettre à four chaud pendant 40 minutes.

Clafoutis aux fruits rouges

Même recette que pour le clafoutis de mamie (page 161) en remplaçant les cerises par le même poids de fruits rouges : groseilles, myrtilles, mûres, fraises, framboises. Vous pouvez mélanger les fruits rouges pour varier le plaisir gustatif.

Confiture de châtaignes

Pour 1 kg de purée

1 kg 200 de châtaignes
750 g de sucre
1 gousse de vanille

Entailler les châtaignes et les ébouillanter pendant trois minutes. Retirer les deux peaux (enveloppe brune et peau fine) en même temps.
Porter à ébullition une casserole d'eau et mettre les châtaignes à cuire pendant 15 minutes environ.
Égoutter les châtaignes blanches et les passer au moulin à légumes.
Verser la purée dans une bassine à confiture, ajouter un verre d'eau, le sucre, la gousse de vanille ouverte sur sa longueur.
Cuire sur feu doux pendant vingt minutes environ en remuant de temps en temps à la cuillère en bois. Lorsque la confiture devient plus consistante, continuer la cuisson en tournant constamment. La confiture doit être translucide.

Retirer la gousse de vanille et verser la confiture dans les pots.

Très bon en garniture de crêpes, en fond de tartes ou tout simplement à la cuillère. Une excellente façon de consommer le fruit le plus riche en potassium.

Confiture de prunes à la vanille

2 kg de prunes dénoyautées
1,5 kg de sucre
1 gousse de vanille
1 citron

La veille

Dans un saladier, mélanger les prunes coupées en petits cubes, le sucre en poudre, et le jus de citron. Ouvrir la gousse de vanille sur sa longueur, faire tomber et mélanger les graines de vanille avec les prunes, enfoncer la gousse de vanille dans les prunes.

Le jour même

Retirer la gousse de vanille.
Verser les prunes au sucre dans une bassine à confiture.
Porter à ébullition tout en remuant de temps en temps.
Continuer la cuisson pendant environ 30 minutes en tournant constamment et en ramassant bien sur les bords de la bassine.
Faire le test de cuisson de la confiture (page 12), et mettre en pots.

Confiture de prunes à l'orange

Même recette que ci-dessus en remplaçant la vanille par les zestes d'une ou deux oranges et leur chair (sans pépins ni partie blanche) coupée en petits cubes.

Coupetado rouergat

300 g de brioche rassie
250 g de raisins secs
100 g de sucre
6 œufs
1 verre de rhum
1 l de lait
huile

Faire tremper les raisins secs dans du rhum pendant une demi-heure minimum.
Couper la brioche en tranches d'un centimètre d'épaisseur.
Dans un saladier, battre les œufs à la fourchette, ajouter le lait et le sucre, bien mélanger.
Dans un plat à four huilé, disposer une couche de brioche en comblant les coins et interstices avec de la mie.
Verser l'œuf au lait sur la brioche.
Parsemer le raisin sec sur la brioche.
Recommencer en alternant brioche, œuf au lait, raisin en terminant par la brioche.
Arroser avec le jus de trempage des raisins secs.
Mettre à four moyen pendant 1 heure.

Vous pouvez remplacer la brioche par de la mie de pain rassie.

Crème au chocolat de Bonneval

Pour 4 personnes

200 g de chocolat noir de Bonneval
30 cl de lait
4 cuillerées à soupe rases de maïzena

Casser le chocolat en petits morceaux.
Dans un bol, verser le lait puis incorporer progressivement la maïzena.
Dans une casserole sur feu doux, verser 2 cuillerées à soupe d'eau et ajouter le chocolat. Le faire fondre en tournant avec une cuillère en bois.
Lorsque le chocolat est entièrement fondu, verser le lait à la maïzena en continuant de tourner pour obtenir un mélange homogène.
Le feu doit être doux pour ne pas donner un goût de brûlé à la crème.
Mettre hors du feu aux premiers bouillons.
Réserver la crème au frais.

Cette crème suave et parfumée accompagnée de framboises de l'Aveyron est un vrai péché mignon.
Le fameux chocolat de Bonneval est fabriqué artisanalement par les moniales de l'Abbaye de Bonneval depuis 1878. Le chocolat en reste de fabrication honore le Jour du Seigneur chez les sœurs sous forme de crème ou de gâteaux.

Crocande

450 g de farine
100 g de sucre en poudre
12 amandes ou noisettes
1 sachet de levure en poudre
1 jaune d'œuf, lait
2 cuillerées à soupe de fleur d'oranger
6 cuillerées à soupe d'huile

Dans un saladier, mélanger la farine, la levure en poudre et le sucre, ajouter l'huile et la fleur d'oranger.
Sabler la pâte avec les mains puis ajouter petit à petit du lait en pétrissant la pâte.
Faire une boule, la fariner et la laisser reposer au frais pendant une heure.
Sur un plan de travail fariné, aplatir à la main en formant un rond d'environ 30 centimètres.
Faire une croix au centre de la pâte, relever les côtés du centre vers l'extérieur pour obtenir 4 triangles.
Tout autour, découper des languettes de pâte et les faire chevaucher 2 par 2 pour matérialiser les rayons du soleil.
Disposer les noisettes à la base des rayons.
Badigeonner généreusement le dessus du soleil avec le jaune d'œuf à l'aide d'un pinceau.

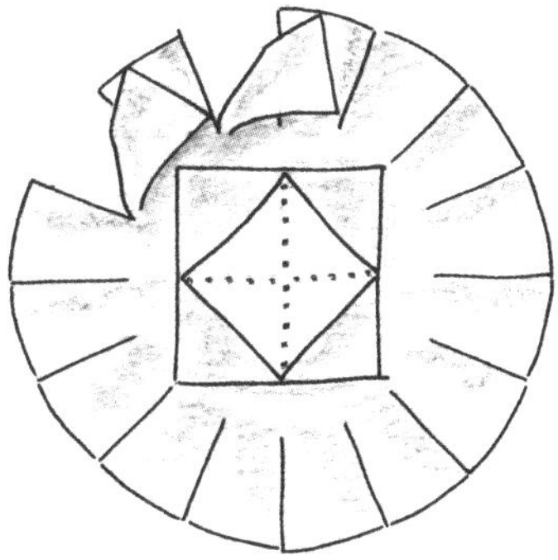

Mettre à four moyen pendant 20 à 25 minutes en surveillant la coloration.

La crocande se conserve longtemps lorsqu'on sait être patient, elle est très bonne quand elle est confectionnée à l'huile de noix ou à l'huile d'olive.

Échaudés d'autrefois

Chaudel a tres cornes

300 g de farine type 55
70 g de sucre en poudre
2 œufs
1/2 sachet de levure en poudre
25 g de beurre
3 g de grains d'anis, ou rhum, eau-de-vie...
sel

Dans un saladier, mélanger la farine, la levure, le sucre, l'anis, le beurre fondu, les œufs un à un et le sel.
Pétrir plusieurs minutes jusqu'à ce que toute la farine soit incorporée.
Sur un plan de travail bien fariné, abaisser la pâte à un demi-centimètre d'épaisseur.
À l'aide d'un verre, découper des cercles de 6 centimètres de diamètre.
Dans chaque cercle de pâte, plier trois arcs de cercle pour obtenir un triangle.
Dans un faitout, porter à ébullition de l'eau, glisser doucement les triangles de pâte, surveiller en remuant si besoin pour qu'ils ne se collent pas.
Lorsqu'ils remontent à la surface, les sortir à l'aide d'une écumoire, les égoutter et les mettre à sécher sur un linge.

Mettre les échaudés bien séchés à four moyen pendant 20 à 30 minutes.

Ces échaudés d'autrefois étaient très prisés par les pèlerins de Saint Jacques de Compostelle fréquentant la via Podensis en Aveyron. La séquence d'échaudage éliminait l'amidon et autres résidus. Aujourd'hui les farines sont plus raffinées et permettent de sauter éventuellement l'échaudage (mais ne m'appelez plus échaudés).

Échaudés au vin

Chaudel al vin

échaudés d'autrefois (voir recette ci-contre)
vin rouge (marcillac jeune par exemple.)
1 verre de sucre en poudre

Dans un saladier, verser le vin, ajouter le sucre, mélanger, puis ajouter les échaudés.

Laisser les échaudés s'imbiber de vin.

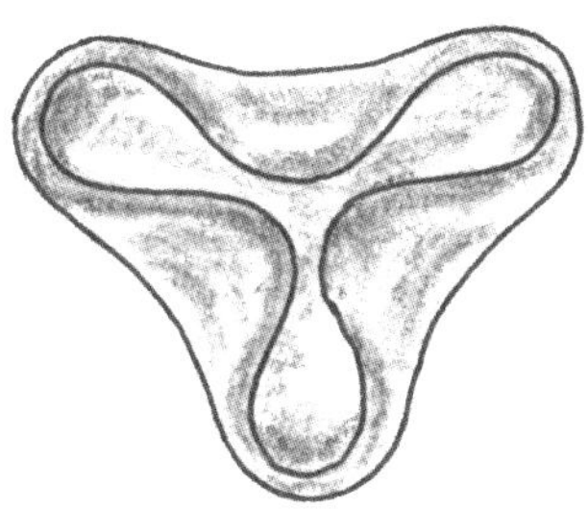

Ce remontant pris pendant la pause des dures moissons d'autrefois est devenu un rite de salon «pour tremper le biscuit».

Flaune

1 pâte brisée
400 g de recuite
1 cuillerée à soupe de farine
150 g de sucre en poudre
3 œufs
1 verre de lait
2 cuillerées à soupe de fleur d'oranger
1 zeste de citron

Garnir un grand moule à tarte avec la pâte brisée. Cuire à blanc à four chaud pendant 10 minutes.
Dans un saladier, mélanger la recuite, le sucre en poudre, les œufs, le lait, la farine, la fleur d'oranger et le zeste de citron.
Verser la préparation sur la pâte précuite.

Mettre à four moyen pendant 40 minutes.

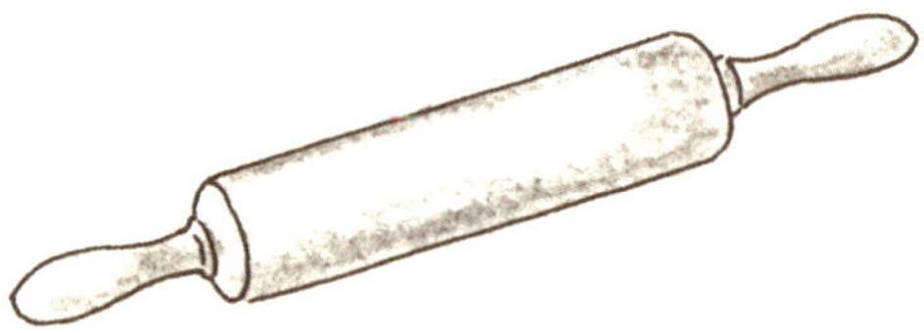

Un dessert typiquement du Sud-Aveyron au subtil parfum de brebis. La recuite est faite à partir du petit lait produit à la fabrication du roquefort. Le petit lait est doucement chauffé sans bouillir. La recuite est recueillie en surface et mise à égoutter.

Fouace

500 g de farine
100 g de sucre
30 g de levure de boulanger
3 œufs + 1 jaune d'œuf pour la dorure
2 à 3 cuillerées à soupe de fleur d'oranger
100 g de beurre
1 verre de lait
1 pincée de sel

<u>La veille</u>

Dans un verre de lait tiède, émietter la levure et la faire fondre. Dans un saladier, mélanger la farine, le sucre et le sel, ajouter petit à petit la levure délayée, la fleur d'oranger, le beurre fondu puis les œufs. Bien pétrir l'ensemble, former une boule et la mettre dans le saladier nettoyé et fariné. Laisser lever à couvert sous un linge.

<u>Le jour même</u>

Retravailler délicatement la pâte et la disposer en couronne sur une plaque à four garnie de papier sulfurisé huilé.
Badigeonner sur la fouace le jaune d'œuf à l'aide d'un pinceau.
Mettre à four chaud pendant 40 minutes en surveillant.

La réussite de la fouace est dans un bon pétrissage puis une bonne levée de la pâte. Il faut lui laisser le temps « de pousser » en fonction de la température.
La fouace est présente dans toutes les fêtes : fête votive, épiphanie, carnaval, mariages, réunions associatives...
À Laguiole on réserve de la pâte pour confectionner de petits chignons sur la fouace. À Najac, la ville au grès rose, on honore la fouace pendant sa fête aoûtienne en promenant une fouace géante.

Fouace à la farine de châtaignes

200 g de farine de châtaignes
300 g de farine de blé
150 g de sucre en poudre
1 sachet de levure en poudre
3 œufs
15 cl de lait
125 g de beurre

Dans une casserole sur feu doux, tiédir le lait et faire fondre le beurre.
Dans un saladier, mélanger les deux farines, le sucre et la levure puis ajouter les œufs un à un.
Verser le lait et le beurre fondu sur la pâte, mélanger l'ensemble.
Remplir un moule à baba avec la pâte ou disposer la pâte sur un plat à four en façonnant une couronne.

Mettre à four chaud pendant 40 minutes.

Gâteau à la broche

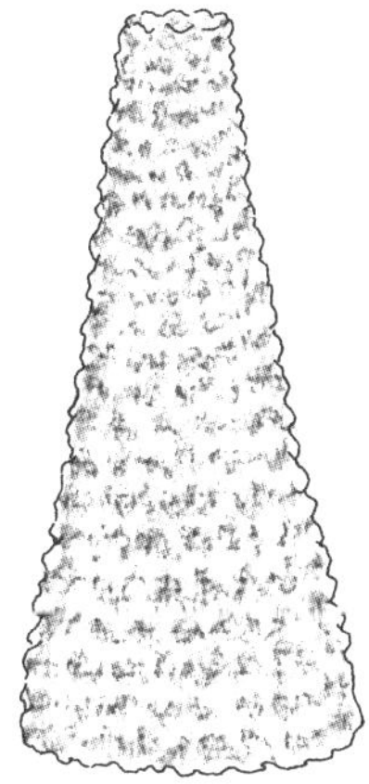

1 kg de farine
1 kg de beurre
1 kg de sucre
24 œufs
100 g d'amandes concassées

Dans une casserole sur feu doux, faire fondre le beurre.
Séparer les blancs des jaunes d'œufs.
Dans un grand saladier, mélanger rapidement les jaunes d'œufs et le sucre puis incorporer la farine et le beurre fondu, malaxer jusqu'à l'obtention d'une pâte lisse et homogène.
Monter les blancs en neige et les incorporer à la pâte délicatement, ajouter les amandes concassées, mélanger jusqu'à l'obtention d'une pâte homogène.
Enrober la broche et le cône d'un papier sulfurisé huilé.
Prévoir un récipient pour récupérer la pâte coulante que l'on remettra sur le cône.
Faire tourner la broche devant le feu et verser la pâte cuillerée par cuillerée, ne remettre de la pâte crue que lorsque la pâte du cône est dorée.

En fin de saladier, laisser roussir la dernière couche de pâte.

Ce prestigieux gâteau à la broche est encore tourné dans nos fermes. Il demande du matériel : un tournebroche sur lequel on fixe un moule conique. Le moule est positionné en face du feu de l'âtre. Au-dessus du feu un chaudron refoule la chaleur vers le moule.

Gâteau au potiron

Pour 6 personnes

900 g de potiron (pour 500 g de chair)
100 g de farine
100 g de sucre en poudre
4 œufs
2 cuillerées à soupe de fleur d'oranger
1 pincée de sel

Cuire la chair de potiron en gros dés dans un peu d'eau bouillante pendant 15 minutes, l'égoutter et la passer au moulin à légumes.
Mettre la purée de potiron dans une casserole, cuire sur feu très doux jusqu'à l'obtention d'une purée souple.
Séparer les blancs des jaunes d'œufs.
Dans un saladier, mélanger la farine, le sucre, les jaunes d'œufs, la fleur d'oranger et le sel.
Incorporer la purée de potiron puis les blancs battus en neige.
Verser l'ensemble dans un moule à gâteau huilé.
Mettre à four chaud pendant 35 à 40 minutes.

Ne jetez pas vos graines de potirons, vous pourrez les picorer à l'apéritif, grillées et salées.

Gâteau au vin blanc d'Entraygues

250 g de farine
1 verre de vin blanc d'Entraygues
200 g de sucre en poudre
1 sachet de sucre vanillé
3 œufs
1 sachet de levure en poudre
1 demi-verre d'huile

Séparer les blancs des jaunes d'œufs.
Dans un saladier, mélanger la farine, la levure, le sucre en poudre, le sucre vanillé, les jaunes d'œufs, l'huile et le vin blanc.
Incorporer délicatement les blancs d'œuf battus en neige très ferme.
Verser l'ensemble dans un moule à gâteau huilé.
Mettre à four chaud pendant 35 à 40 minutes.

Cette friandise se conserve longtemps tout en gardant le moelleux du premier jour, à condition de battre les blancs en neige très ferme.

Tarte aux noix

1 pâte brisée
1 bol de noix pilées
1 bol de sucre
4 blancs d'œufs

Garnir un moule à tarte avec la pâte brisée.
Dans un saladier mélanger les noix pilées, le sucre et les blancs d'œufs montés en neige ferme.
Verser la préparation sur la pâte à tarte.
Mettre à four moyen pendant 30 minutes environ.

Vu l'enthousiasme de tous les Aveyronnais à parler de leur tarte aux noix, comment imaginer qu'elle ne soit pas née en Aveyron !

Gâteau aux noix

180 g de farine
180 g de noix pilées
180 g de sucre en poudre
180 g de beurre
3 œufs
1 sachet de levure en poudre

Faire fondre le beurre.
Séparer les blancs des jaunes d'œufs.
Dans un saladier, mélanger la farine, le sucre et la levure.
Puis incorporer le beurre, les jaunes d'œufs et les noix pilées.
Monter les blancs d'œufs en neige ferme.
Les mélanger délicatement à la préparation.
Verser le mélange dans un moule.
Mettre à four chaud pendant 35 minutes environ.

Gâteau de châtaignes au chocolat

<u>Pour 6 personnes</u>

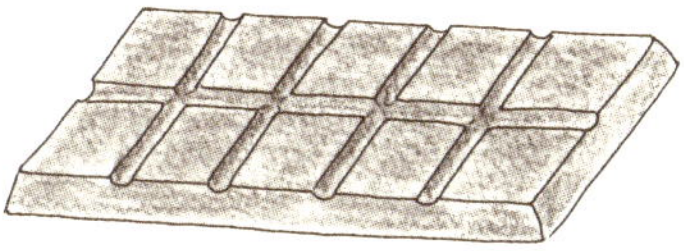

600 g de châtaignes
100 g de chocolat noir
100 g de sucre en poudre
100 g de beurre

Entailler les châtaignes et les ébouillanter pendant trois minutes. Retirer les deux peaux (enveloppe brune et peau fine) en même temps.
Porter à ébullition de l'eau dans une casserole et mettre les châtaignes à cuire pendant 15 minutes environ.
Égoutter les châtaignes blanches et les passer au moulin à légumes.
Faire fondre le chocolat au micro-ondes ou au bain-marie.
Dissoudre le sucre dans un peu d'eau.
Mélanger le sucre, le chocolat, le beurre ramolli et la purée de châtaignes.

Mettre dans un moule et conserver au réfrigérateur.

Châtaigne et chocolat font partie des mariages culinaires réussis.

Gâteau segali

Pour 6 personnes

130 g de farine de seigle
130 g de sucre en poudre
5 œufs

Séparer les blancs des jaunes d'œufs.
Dans un saladier, mélanger rapidement les jaunes et le sucre.
Ajouter la farine de seigle.
Battre les blancs d'œufs en neige et les incorporer délicatement à la pâte jusqu'à l'obtention d'une couleur homogène.

Mettre à four chaud pendant 30 minutes en surveillant la coloration.

Le seigle revient dans notre alimentation, on lui reconnaît un côté diététique tout en ayant une saveur attrayante.

Gelée de coings

Cette recette est réalisée avec les ingrédients réservés lors de la confection de la pâte de coings (page 187).

pépins réservés
jus réservé
1 kg de sucre en poudre
par litre de jus de coings

Faire cuire les pépins dans le jus de coings pendant 10 minutes.
Filtrer et mesurer le volume de jus recueilli.
Peser le sucre en fonction du volume mesuré.
Remettre à cuire avec le sucre jusqu'à ce que la gelée prenne, elle devient rose.

Faire le test de cuisson de la confiture (page 12) et mettre en pots.

Une gelée délicieuse notamment sur les crêpes.
Les enfants préfèrent bien souvent les gelées avant d'apprécier les confitures.

Gimbelette

<u>Pour 10 gimbelettes</u>

500 g de farine
100 g de sucre en poudre
1 sachet de levure en poudre
7 œufs
2 cuillerées à soupe de fleur d'oranger
2 cuillerées à café de graines d'anis
50 g de beurre ramolli

Dans un grand saladier, mélanger la farine, la levure, le sucre, l'anis puis ajouter les œufs en réservant un blanc d'œuf. Intégrer le beurre et la fleur d'oranger. Bien malaxer, faire une boule et la laisser reposer une heure au frais.
Sur un plan de travail fariné, couper la pâte en 10 morceaux, rouler des boudins et faire des couronnes de 12 centimètres de diamètre sur 2 à 3 centimètres d'épaisseur.
À l'aide d'une écumoire, plonger les couronnes dans de l'eau frémissante, les sortir lorsqu'elles remontent à la surface, les laisser égoutter sur un linge. Les entailler sur le côté et les passer à four chaud pendant 15 minutes.

Battre le blanc d'œuf en neige pas trop ferme, badigeonner les gimbelettes et les saupoudrer de sucre. Les passer à four chaud pendant 5 minutes.

On continue toujours à confectionner des gimbelettes dans le Sud-Aveyron en particulier pendant le temps pascal.

Naines ou nènes

Même recette que les gimbelettes, mais au lieu de faire un rond, couper une langue de pâte de 12 centimètres que l'on entaille pour faire bras et jambes. De quoi rappeler un petit bonhomme.

Massepain de Montbazens

250 g de farine
250 g de sucre en poudre
1 sachet de sucre vanillé
10 œufs
2 cuillerées à soupe de fleur d'oranger
huile

Séparer les blancs des jaunes d'œufs.
Dans un saladier, mélanger au fouet les jaunes d'œufs, le sucre en poudre, le sucre vanillé et la fleur d'oranger.
Incorporer peu à peu la farine.
Monter les blancs en neige et les incorporer délicatement à la pâte.
Travailler ce mélange à la spatule jusqu'à l'obtention d'une pâte lisse et homogène.
Verser la pâte dans un moule huilé.

Mettre à four moyen pendant une heure en surveillant la coloration.

Ce massepain fait partie des fêtes traditionnelles de famille avec une salade de fruits, une île flottante ou seul avec un verre de marcillac.

Oreillettes

500 g de farine
3 œufs
1 orange
1 cuillerée à soupe de fleur d'oranger
50 g de beurre fondu
sel
huile, huile de friture
Garniture
sucre en poudre

Réserver la moitié de la farine, mélanger le reste avec les œufs, le zeste d'orange, le jus d'orange, la fleur d'oranger, le beurre et le sel.
Pétrir en ajoutant petit à petit la farine réservée.
Lorsque la pâte n'absorbe plus la farine, en faire une boule puis la laisser reposer au moins une heure à température ambiante.
Sur un plan de travail huilé, étaler la pâte sur 2 millimètres d'épaisseur et la découper en carrés de 5 centimètres de côté à l'aide d'une roulette.
Les plonger dans un bain de friture, les retirer dès coloration et les déposer sur du papier absorbant.
Sucrer à volonté.

C'est trop bon ! Les oreillettes se préparent surtout le mardi gras et lors de fêtes d'écoles.
Pour faciliter l'étalement de la pâte, divisez-la en plusieurs petits tas.

Pain perdu

Pour 4 personnes

8 tranches de pain rassis (2 cm d'épaisseur)
25 g de sucre en poudre
2 œufs
25 cl de lait
1 cuillerée à café de fleur d'oranger
80 g de beurre

Dans un bol, battre les œufs en omelette, ajouter le lait, le sucre et la fleur d'oranger.
Verser le mélange dans un plat creux, tremper chaque tranche de pain d'un côté puis la retourner et la tremper de l'autre côté.
Dans une grande poêle, faire mousser le beurre et disposer les tranches de pain, les faire dorer à feu doux pendant environ 5 minutes par face.

En Aveyron, on ne jette jamais le pain, et les enfants le savent bien...

Pastis aux prunes

Pour 6 personnes

1 kg de prunes
50 g de sucre en poudre
eau-de-vie de prunes

Pâte à tarte sucrée

300 g de farine
150 g de beurre à température ambiante
1 cuillerée à soupe de sucre
un peu de lait

Dans un saladier, mettre les prunes coupées en deux et les arroser d'eau-de-vie.

Préparation de la pâte à tarte

Dans un autre saladier, mélanger la farine, le sucre et le beurre en lamelles, pétrir puis ajouter petit à petit le lait pour lier.
Faire une boule, la fariner et la réserver au frais.

Abaisser votre pâte, garnir un moule à tarte en réservant l'excédent de pâte.
Mettre à four chaud pendant 10 minutes.
Garnir la pâte cuite à blanc avec les demi-prunes égouttées.
Saupoudrer les fruits de sucre en poudre, arroser avec un filet d'eau-de-vie.
Confectionner des croisillons avec l'excédent de pâte et les disposer sur la tarte.
Mettre à four chaud pendant 35 à 40 minutes.

La prune est féconde en Aveyron, elle est pleine de vertus digestives et minéralisantes ! Vous pouvez aussi préparer ce pastis en panachant prunes et lamelles de pommes.

Pompet

Pour 4 personnes

4 coings bien mûrs, bien jaunes
100 g de sucre en poudre
Pâte à pain
400 g de farine
20 g de levure de boulanger
1 verre de lait
1 cuillerée à café de sucre
1 demi-cuillerée à café de sel

Préparation de la pâte à pain

Dans un grand saladier, mélanger la farine, le sucre, le sel et la levure délayée dans un demi-verre d'eau tiède.
Ajouter petit à petit le lait, bien mélanger puis pétrir jusqu'à l'obtention d'une pâte lisse et élastique.
Faire une boule, la mettre dans le saladier couvert d'un linge.
Laisser lever la pâte pendant au moins 2 heures.

Préparation du pompet

Pétrir à nouveau la pâte et l'abaisser au rouleau, la découper en 4 parts.
Retirer les pépins et le cœur par le haut des coings avec un couteau économe.
Blanchir les coings pendant 10 minutes et les essuyer avec du papier absorbant, les remplir de sucre et les enrober hermétiquement de pâte à pain.
Mettre à four moyen jusqu'à ce que la pâte soit bien dorée, pendant environ 40 minutes.

Une gourmandise qui requinque !

Pompe à l'huile

pompa a l'oli

pâte à pain (page 185)
huile
garniture
1 jaune d'œuf
2 à 3 cuillerées à soupe d'huile de noix
noix (facultatif)
sucre en poudre

Préparer la pâte à pain (page 185).
Travailler délicatement la pâte levée.
Sur un papier sulfurisé huilé, abaisser la pâte pour obtenir un rond d'un bon centimètre d'épaisseur, relever les bords du bout des doigts.
Laisser la pâte à nouveau lever.
Piquer abondamment la pâte avec une fourchette.
Dans un bol, mélanger le jaune d'œuf et l'huile.
Répartir le mélange sur la pâte.
Saupoudrer aussitôt généreusement de sucre et de noix écrasées à la fourchette.
Mettre à four moyen pendant 30 minutes environ.

Pour les amoureux de la saveur noix.
La cuisson dépend du temps de levage : plus la pâte lève, mieux elle cuit, sans demander un four trop chaud.
L'huile de noix supporte mal les fortes cuisson.

Pâte de coings

5 à 6 gros coings
1 kg de sucre en poudre par kg de coings cuits

La veille

Laver les coings, les couper en 4, enlever les pépins, vous pouvez les réserver dans un nouet en mousseline pour faire de la gelée (page 179).
Recouper les morceaux de coings, les couvrir d'eau.
Porter à ébullition et blanchir les morceaux de coings pendant 10 minutes.
Laisser égoutter le coing sur une grille au dessus d'un récipient.
Réserver l'eau de cuisson, le nouet et le jus égoutté si vous voulez faire de la gelée.

Le jour même

Mouliner les morceaux cuits.
Incorporer un kilo de sucre par kilo de pâte moulinée.
Cuire la pâte à petit feu pendant environ 20 minutes en tournant à la cuillère en bois jusqu'à l'obtention d'une belle pâte consistante rose.
Elle doit bien se détacher du récipient et de la cuillère en bois.

La pâte doit sécher quelques jours et se conserve dans une boite métallique garnie de papier sulfurisé pendant plusieurs mois. Voilà une provision gourmande et parfumée à grignoter en cubes ou bâtonnets.

Confiture de coings

Même recette que ci-dessus. Diminuer le temps de cuisson de la pâte en faisant le test de cuisson de la confiture (page 12).

Rissoles aux pruneaux

500 g de pruneaux
500 g de farine
100 g de sucre en poudre
1 sachet de levure en poudre
3 œufs + 1 jaune d'œuf pour la dorure
250 g de beurre ramolli

Faire tremper les pruneaux dans de l'eau ou du thé chaud pendant 10 minutes, les sortir du liquide pour les dénoyauter.
Remettre les pruneaux dans le liquide pendant 20 minutes minimum.
Dans un saladier, mélanger la farine, la levure, 80 g de sucre, ajouter les œufs et le beurre ramolli en petits dés.
Lier au fur et à mesure avec un peu d'eau chaude.
Faire une boule et la réserver au frais pendant 30 minutes minimum.
Égoutter les pruneaux, les mixer puis incorporer le reste de sucre en poudre.
Étaler la pâte réservée et la découper en ronds de 15 centimètres de diamètre.
Garnir la moitié du rond avec les pruneaux mixés.
Mouiller à l'eau le bord de l'autre moitié, la rabattre, la souder en appuyant et relever les bords.
Badigeonner le dessus des rissoles au jaune d'œuf à l'aide d'un pinceau.

Mettre les rissoles à four chaud pendant 20 minutes.

Pour varier les plaisirs, vous pouvez mixer d'autres fruits secs (figues, abricots, raisins) avec les pruneaux.

Salade de fraises

Pour 4 personnes

1 kg de fraises de Saint-Geniez-d'Olt
100 g de sucre
25 cl de vin (blanc ou rosé)

Laver et rincer les fraises.
Dans un grand saladier, mélanger délicatement les fraises, le sucre et le vin.

Laisser mariner une heure en mélangeant de temps en temps.

Antoine Sannié, père des fraisiculteurs de Saint-Geniez-d'Olt

La salade de fraises est excellente en utilisant un vin blanc sec et fruité, mais aussi très bonne avec un rosé ou un marcillac rouge très jeune.
Profitez de la richesse des fraises et du savoir-faire ancestral de Saint-Geniez-d'Olt pour combattre très agréablement la fatigue et le stress.

Soleil de Marcillac

500 g de farine
250 g de sucre
1 sachet de levure en poudre
5 œufs
125 g de beurre ramolli
2 à 3 cuillerées à soupe de fleur d'oranger
1 pincée de sel

Dans un saladier, mélanger la farine, la levure, le sucre et le sel.
Ajouter les œufs en réservant un jaune pour la dorure.
Incorporer le beurre en morceaux et la fleur d'oranger.
Pétrir l'ensemble jusqu'à l'obtention d'une pâte ferme et homogène.
Faire une boule, la fariner et la réserver quelques minutes au frais.
Disposer votre pâte sur une feuille de papier sulfurisé aux dimensions de votre plaque à four.
Abaisser la pâte pour former un cercle.
Faire une croix au centre de la pâte, relever les côtés du centre vers l'extérieur pour obtenir 4 triangles plus épais que le reste de pâte.
Tout autour, découper des languettes de pâte et les faire chevaucher 2 par 2 pour matérialiser les rayons du soleil (voir page 167).
Badigeonner les morceaux de pâte au jaune d'œuf à l'aide d'un pinceau.

Mettre à four chaud pendant 15 à 20 minutes en surveillant la coloration.

Le gâteau des versants ensoleillés de Marcillac.

Tarte à l'encalat

Pour 6 personnes

1 pâte brisée
1 kg de caillé de vache
4 œufs
150 g de sucre
3 cuillerées à soupe de farine
2 cuillerées à soupe de fleur d'oranger

Garnir un moule à tarte avec la pâte brisée.
Cuire à blanc à four chaud pendant 10 minutes.
Dans un saladier, mélanger au fouet la farine, le sucre puis les œufs, le caillé et la fleur d'oranger.
Verser dans le moule à tarte.
Mettre à four chaud pendant 45 minutes.

Un classique nord-aveyronnais créé par le talent culinaire d'un boulanger de Mur-de-Barrez.

Tarte aux fruits rouges

Pour 6 personnes

1 pâte brisée
600 g de framboises ou myrtilles,
groseilles, cassis, fraises...
50 g de farine de sarrasin ou autre
100 g de sucre roux
1 pot de fromage blanc

Garnir un moule à tarte avec la pâte brisée.
Dans un bol, mélanger le fromage blanc, la farine et 80 grammes de sucre roux.
Répartir cette préparation sur la pâte brisée.
Mettre à four chaud pendant 20 minutes.
Sortir la tarte du four, répartir les fruits rouges sur la tarte, saupoudrer de sucre roux restant.
Remettre à four chaud pendant 5 minutes.

Cette tarte aux fruits rouges est à faire et à refaire durant tout l'été, on ne s'en lasse pas !

Tarte aux pommes à la confiture de châtaignes

1 pâte brisée
5 pommes
100 g de confiture de châtaignes

Garnir un moule à tarte avec la pâte brisée, répartir la confiture de châtaignes sur la pâte.
Couper les pommes épluchées, épépinées en lamelles de 3 millimètres d'épaisseur. Disposer les lamelles en rosace sur la confiture.
Mettre à four chaud pendant 35 minutes.

Vous pouvez remplacer la confiture de châtaignes par de la gelée de coings ou de la compote.

Tarte au potiron

Pour 6 personnes

1 pâte brisée
900 g de potiron (pour 500 g de chair)
100 g de sucre en poudre
4 œufs
1 orange
3 cuillerées à soupe de fleur d'oranger
25 cl de lait
1 pincée de sel

Garnir un moule à tarte avec la pâte brisée.
Cuire à blanc à four chaud pendant 10 minutes.
Cuire la chair de potiron en gros dés dans un peu d'eau bouillante pendant 15 minutes, l'égoutter et la passer au moulin à légumes.
Mettre la purée de potiron dans une casserole avec le lait, la fleur d'oranger, les zestes de l'orange et son jus.
Mélanger et chauffer sur feu très doux, réduire jusqu'à l'obtention d'une purée souple.
Dans un saladier, battre les œufs en omelette, ajouter et mélanger le sucre et le sel.
Incorporer la purée de potiron et verser l'ensemble sur la pâte cuite à blanc.
Mettre à four chaud pendant 30 à 35 minutes.

Le potiron étonne toujours les néophytes, il fait pourtant de si savoureux desserts.

Tarte aux prunes

Pour 6 personnes

1 pâte feuilletée
900 g de prunes
sucre en poudre
maïzena ou tapioca

Garnir un moule à tarte avec la pâte feuilletée.
Saupoudrer de sucre et de maïzena ou de tapioca.
Couper les prunes en 2, les dénoyauter et les disposer de préférence en épis sur la pâte feuilletée.
Mettre à four chaud pendant environ 30 minutes.

Tarte aux prunes mixées

Pour 6 personnes

1 pâte brisée
600 g de prunes dénoyautées
50 g de sucre en poudre

Garnir un moule à tarte avec la pâte brisée.
Cuire à blanc à four chaud pendant 10 minutes.
Passer les prunes au mixeur jusqu'à l'obtention d'une purée épaisse.
Verser la purée de prunes sur la tarte, saupoudrer le sucre en poudre. Mettre à four chaud pendant environ 30 minutes.

Les tartes de la mi-août confectionnées avec les nombreuses prunes qui n'attendent qu'à être cueillies.
La tarte aux prunes mixées sera encore plus parfumée en incorporant de l'eau-de-vie de prunes dans la purée !

Hypocras

3 l de vin rouge assez tannique et vieilli en fût
800 g de sucre candi
épices
1 belle écorce de cannelle
1 belle racine de gingembre épluchée
12 clous de girofle
2 écorces de noix de muscade
1 demi-noix de muscade
8 à 10 gousses de galanga

Râper et piler les épices en poudre.
Dans une grande casserole sur feu doux, verser le vin et le sucre finement broyé, tourner jusqu'à complète dissolution du sucre.
Ajouter la poudre d'épices.
Laisser refroidir et filtrer pour que le vin reste clair.

Vous serez agréablement surpris par cette revigorante boisson médiévale, elle vous sera peut-être servie au Viala-du-Pas-de-Jaux sur le chemin des Templiers et des Hospitaliers.
Le galanga est un épice rappelant le goût du gingembre.

Liqueur de genièvre

1 verre de baies vertes de genièvre
1 l d'eau-de-vie
500 g de sucre en poudre

Mettre le sucre et les baies de genièvre dans l'eau-de-vie. Laisser macérer pendant 40 jours en remuant de temps en temps pour faire fondre le sucre.

Filtrer l'eau-de-vie et mettre en bouteilles.

Un agréable goût boisé mais qui a tout de même du caractère, à boire avec modération !

Ratafia

grappes de raisins noirs
1 l d'eau-de-vie
(pour 3 l de jus de raisin obtenu)

Égrener les grappes de raisin.
Écraser les grains et filtrer pour obtenir trois litres de jus de raisin.
Versez dans une bonbonne le jus de raisin et l'eau-de-vie.
Laisser macérer 40 jours, en prenant soin d'agiter la bonbonne une fois par jour.
Filtrer et mettre en bouteilles.

À l'amitié !
Du latin « Rata fiat » que le marché soit conclu !
Souvent servi en apéritif, quelquefois au dessert, les amateurs de saveurs le dégusteront avec du roquefort.

Ratafia de coing

eau de coing

1l de jus de coing (environ 6 coings bien mûrs)
25 cl d'eau-de-vie
300 g de sucre

Peler les coings et les râper jusqu'au cœur en retirant les pépins. Laisser reposer quelques heures.
Mettre cette râpure dans un linge fin.
Presser fortement et récolter le jus. Ajouter l'eau-de-vie et le sucre en respectant les proportions indiquées.
Laisser reposer à l'abri de la lumière et filtrer un mois après.

Mettre en bouteilles, déguster au bout de deux mois... ou de deux ans !

Cette liqueur d'or est une merveille en bouche et sa couleur aux rayons du soleil un plaisir pour les yeux.
Toute l'année on garde précieusement une bouteille pour guérir « le mal au ventre ». Cette eau de coing ne demande qu'à vieillir, mais si vous avez mal au ventre...

Vin de feuilles de pêcher

100 feuilles de pêcher
5 l de vin blanc
1 l d'eau de vie
1 kg de sucre
1 gousse de vanille
5 amandes amères

Dans une bonbonne, verser le vin blanc, l'eau-de-vie, les feuilles de pêcher, la gousse de vanille fendue et les amandes. Fermer la bonbonne et laisser macérer 40 jours. Secouer de temps en temps.
Après ce temps de macération, filtrer, ajouter le sucre en le faisant bien dissoudre puis mettre en bouteilles.

Pour déguster, attendre six mois de maturation, et même plus, c'est encore meilleur !

Cueillez les feuilles de pêcher entre les deux Notre-Dame, du 15 août au 8 septembre, quand elles commencent à jaunir et roussir, elles ont plus de goût.
La vanille et les amandes donnent ce petit goût si particulier qui fait dire à vos invités : « Macarel qu'il est bon ! ».

Mais chut... c'est un secret.

Vin de noix

5 l de bon vin rouge
1 l d'eau-de-vie
40 noix vertes avec leur écorce
1 kg de sucre
1 bâtonnet de cannelle

Dans une bonbonne, verser le vin rouge, l'eau-de-vie, les noix coupées en quatre et la cannelle.
Laisser macérer pendant 40 jours dans la bonbonne fermée en la secouant de temps en temps.

Filtrer le contenu de la bonbonne, ajouter le sucre et laisser reposer encore 40 jours, mettre en bouteilles.

C'est à la Saint-Jean que le brou de noix apporte toutes ses qualités acidulées et tanniques.
Patientez 6 mois pour apprécier la qualité apéritive et digestive du vin de noix !

Table des recettes